Les déshérités

François-Xavier Bellamy

Les déshérités
ou l'urgence de transmettre

PLON
www.plon.fr

12, avenue d'Italie
75013 Paris
Tél. : 01 44 16 09 00
Fax : 01 44 16 09 01
www.plon.fr

ISBN : 978-2-259-22343-0

Va, pensiero

12 mars 2011, Opéra de Rome

Va, pensiero, sull'ali dorate,
Va, ti posa sui clivi, sui colli...

« Va, pensée, sur tes ailes dorées ;
Va, pose-toi sur les pentes, sur les collines,
Où embaument, tièdes et suaves,
Les douces brises du sol natal !
Salue les rives du Jourdain,
De Sion, les tours abattues...
O ma patrie, si belle et perdue !
O souvenir si cher et funeste !
Harpe d'or des prophètes du destin,
Pourquoi pends-tu, muette, au saule ? »

Sous la baguette de Riccardo Muti, le célèbre chœur des Hébreux s'achève dans un tonnerre d'applaudissements. Au milieu des ovations, quelques voix demandent un *bis*. Et soudain, le silence se fait. Dans les travées de l'Opéra de Rome, l'assistance retient son souffle ; un frisson parcourt les rangées. Le maestro s'est retourné vers la foule : « Je suis d'accord », dit-il.

Muti s'interrompt. Une seule fois, dans sa longue carrière de chef d'orchestre, il a concédé un *bis* à son public. C'était en 1986, à la Scala, après une interprétation du même *Va, pensiero*. Depuis, il ne s'est plus jamais laissé aller à cette fantaisie. Pour Muti, un opéra est un tout ; on ne l'arrête pas ainsi, pour le plaisir de rejouer un air connu. Mais ce soir, c'est différent. « Je suis d'accord », a dit le chef.

A presque soixante-dix ans, Riccardo Muti est un artiste reconnu, apprécié dans le monde entier et auréolé d'une estime particulière sur la scène culturelle italienne. Ce soir, c'est la première fois qu'il retrouve le pupitre depuis son hospitalisation en février, à Chicago. Le maestro s'était évanoui pendant une répétition et fracturé la mâchoire en chutant. Après l'opération, les médecins avaient diagnostiqué une « fatigue extrême » et lui avaient sévèrement déconseillé de voyager ou de reprendre les concerts. C'est donc contre leur avis qu'il est rentré en Italie afin de diriger ce *Nabucco*. Pour rien au monde, il n'aurait voulu manquer cette représentation exceptionnelle, qui ouvre la célébration du 150e anniversaire de l'unité italienne.

Appuyé sur un siège posé derrière lui, le dos légèrement voûté, il penche la tête vers sa partition, attendant la fin des applaudissements interminables qui saluent son consentement. « Je suis d'accord, mais… » Il se retourne de nouveau vers la salle, pleine à craquer.

Il fait face aux premiers rangs, garnis de responsables politiques qui sont venus en nombre ce soir.

Muti racontera au *Times* cet instant historique. « Au début de la représentation, dit-il, il y a eu une grande ovation dans le public. Puis nous avons commencé l'opéra. Tout s'est parfaitement déroulé, mais lorsque nous en sommes arrivés au fameux chant *Va, pensiero*, j'ai immédiatement senti que l'atmosphère devenait tendue dans le public. Il y a des choses que vous ne pouvez pas décrire, mais que vous sentez. Auparavant, c'est le silence du public qui régnait. Mais au moment où les gens ont réalisé que le *Va, pensiero* allait démarrer, le silence s'est rempli d'une véritable ferveur. On pouvait sentir la réaction viscérale du public à la lamentation des esclaves. »

Va, pensiero n'est pas un chœur comme les autres. Souvent pressentie pour devenir l'hymne national italien, cette élégie chante le désespoir du peuple hébreu arraché à sa terre natale, au moment où, réduit en esclavage, il sait que son extermination se prépare. Dans cette troisième partie de *Nabucco*, Abigaïlle s'est emparée du pouvoir et, dans les jardins de Babylone, a poussé Nabuchodonosor à consentir au massacre des Hébreux. Sur les rives de l'Euphrate, les condamnés se souviennent de la beauté de leur pays disparu, dans une longue *aria* où la violence de la douleur alterne avec la douceur du souvenir. En composant son opéra en pleine occupation de l'Italie par les troupes autrichiennes, le jeune Giuseppe Verdi voulait imposer la comparaison avec la situation de son peuple. Et le jour de sa création déjà, le 9 mars 1842, le public milanais avait obtenu, malgré une interdiction explicite des autorités autrichiennes, un *bis* du *Va, pensiero*…

Il n'y a donc rien d'anodin dans cette décision rare de Riccardo Muti, en ce soir de mars 2011. Dans le silence enfin revenu, le chef d'orchestre, tourné vers la foule, prend la parole. Sans notes, sans micro, sans élever la voix. Sans mise en scène.

« Je n'ai plus trente ans, et j'ai vécu ma vie ; mais, comme un Italien qui a beaucoup parcouru le monde, j'ai honte de ce qui se passe dans mon pays. J'acquiesce donc à votre demande de *bis* pour le *Va, pensiero*. Ce n'est pas seulement pour la joie patriotique que je ressens ; mais parce que, ce soir, pendant que le chœur chantait "O mon pays, si beau et perdu", j'ai pensé que, si nous continuions ainsi, nous allions tuer la culture sur laquelle l'histoire de l'Italie est bâtie. Et dans ce cas, notre patrie serait véritablement *belle et perdue* — et nous avec elle. »

Alors, de toute la salle, dans le parterre, les loges, les allées, les corbeilles, les balcons, et jusque sur la scène, une longue vague d'applaudissements monte, qui soulève progressivement l'assistance. Les spectateurs se mettent debout, bientôt imités par les choristes, restés assis ou à genoux, qui applaudissent à leur tour. Mais voilà que le maestro reprend la parole.

« Moi, Muti, je me suis tu depuis de trop longues années. Je voudrais maintenant… nous devrions donner du sens à ce chant ; puisque nous sommes dans notre maison, le théâtre de notre capitale, avec un chœur qui chante magnifiquement et qui est si bien accompagné, si vous le voulez bien, je vous propose de vous joindre à nous pour chanter tous ensemble. »

Il est difficile de décrire la suite de cet instant. « J'ai vu des groupes de gens se lever, racontera Muti. Tout l'Opéra de Rome s'est levé. Et le chœur s'est lui aussi levé. Ce fut un moment magique dans l'opéra. Ce soir-là ne fut pas seulement une représentation du *Nabucco*, mais également une déclaration unanime du théâtre de la capitale. »

Alors que l'orchestre s'accorde rapidement, le maestro, toujours tourné vers la salle, lève sa baguette en direction du public. « Attention, tous ensemble », murmure-t-il. L'assistance entière sourit. Les premières notes retentissent. Du poulailler, les spectateurs lancent leurs livrets, des centaines de feuillets qui flottent doucement dans l'air en tombant. Et dans le mouvement universel du chant, repris par des milliers de voix, le chœur se soulève dans un élan de deuil, de colère triste et d'espoir.

Va, pensiero, sull'ali dorate,
Va, ti posa sui clivi, sui colli...

A la fin du chant, alors que le public comme les artistes sont émus aux larmes, Muti conclura cet instant de ferveur historique d'un simple mot, dur et tranchant, l'avertissement d'un « prophète du destin » : « Le 9 mars 1842, la première de *Nabucco* a incité les Italiens à lutter pour leur identité et leur liberté ; je ne voudrais pas que, le 12 mars 2011, le *Nabucco* de cette soirée soit le chant funèbre de la culture. »

Pour le jeune enseignant que je suis, cet avertissement prend une signification concrète, et tragique. En ce même soir du 12 mars 2011, vers neuf heures et demie, un adolescent est tué d'un coup de couteau, devant une station de métro d'Asnières-sur-Seine, tout près du lycée où j'ai commencé à travailler. Samy Tebbi avait quinze ans. La cause de son assassinat : il avait franchi la ligne imaginaire censée séparer la cité du Luth du quartier voisin des Courtilles. Dans ce drame, pas de conflit d'argent, de rivalité amoureuse ni d'ancien différend à régler. Seulement de la violence pure, gratuite, absurde. La figure de la sauvagerie, à quelques pas d'un lycée. Là où l'éducation est en échec, n'est-il pas nécessaire que la barbarie finisse par resurgir ? « Le chant funèbre de la culture » est un chant de violence et de mort.

La mort de Samy n'est que l'un des effets de l'effondrement de la culture dont s'inquiète le vieux chef italien. Il ne faut pas chercher plus loin la cause de cette violence à l'état brut. Lorsque nous n'arrivons plus à faire vivre une culture commune, la société se dissout dans un retour à l'état de nature qui ressemble fort à cet « ensauvagement du monde » dont se font l'écho médias et politiques. « O mon pays, si beau et perdu… » Le constat de l'échec éducatif actuel est largement partagé, mais il ne sera sans doute pas inutile d'en rappeler ici quelques symptômes. Depuis vingt ans, toutes les études nationales et internationales sur le niveau scolaire en France convergent pour en signaler l'ampleur, malgré tous les mensonges rassurants d'un optimisme aveugle. La dernière enquête PISA publiée en 2013, consacrée essentiellement aux matières scientifiques, recensait 22 % de collégiens en échec, considérés comme incapables de prolonger leurs études et de « participer de manière efficace et productive » à la vie de la société ; ils étaient 16 % dix ans plus tôt. Dans les milieux défavorisés, seul un élève sur cinq a une chance d'obtenir de bons résultats[1]. Le problème se vérifie dans les autres disciplines : en histoire, géographie et éducation civique, le ministère de l'Education nationale lui-même constate une forte hausse du nombre d'élèves en grande difficulté – dans une enquête de 2012, un rapport comptait 22 % de collégiens incapables de « donner sens à une information » ou « d'exploiter des textes même simples ». A l'autre bout du spectre, les élèves capables d'« interpréter un texte complexe » et de « bien répondre aux questions ouvertes » ne sont plus que 6 % – presque deux fois moins qu'il y a six ans[2]. Quant à la maîtrise de la langue, les résultats sont plus inquiétants encore, comme l'indique l'enquête réalisée chaque année à l'occasion de la Journée d'Appel et de Préparation à la Défense (JAPD, aujourd'hui JDC). L'ensemble d'une classe d'âge, autour de dix-neuf ans, se voit proposer quelques exercices simples : distinguer un vrai mot de quelques lettres sans signification, trouver un film dans un

---

1. « Classement PISA : la France championne des inégalités scolaires », *Le Monde*, 3 décembre 2013.

2. Enquête CEDRE 2012, Direction de l'évaluation, de la prospective et de la performance.

programme de cinéma, lire une histoire courte. En 2013, selon le ministère de l'Education nationale, près de 20 % des participants n'ont pas pu traiter ces exercices ; un jeune Français sur cinq est donc, d'après les statistiques officielles, dans une situation d'illettrisme plus ou moins avancée[1]. Voilà quelques éléments qui suffiront, si c'était encore nécessaire, à manifester concrètement l'ampleur de l'échec collectif que nous traversons. Il reste maintenant à l'expliquer...

Cette crise de la culture n'est pas le résultat d'un problème de moyens, de financement ou de gestion ; c'est un bouleversement intérieur. Il s'est produit, dans nos sociétés occidentales, un phénomène unique, une rupture inédite : une génération s'est refusée à transmettre à la suivante ce qu'elle avait à lui donner, l'ensemble du savoir, des repères, de l'expérience humaine immémoriale qui constituait son héritage. Il y a là une ligne de conduite délibérée, jusqu'à l'explicite : j'étais loin d'imaginer, en commençant à enseigner, l'impératif essentiel qui allait structurer ma formation de jeune professeur. « Vous n'avez rien à transmettre » : ces mots, prononcés à plusieurs reprises par un inspecteur général qui nous accueillait dans le métier le jour de notre première rentrée, avaient quelque chose de si étonnant qu'ils ont profondément marqué ma mémoire. « Vous n'avez rien à transmettre. »

La culture est proprement ce qui se transmet. Ne plus faire subir à nos successeurs ce fardeau périmé

---

1. Direction de l'évaluation, de la prospective et de la performance, note d'information n° 12, avril 2014.

que le passé jetterait sur leur liberté nouvelle, voilà le projet qui nous est proposé. Désormais, il faut faire en sorte que chaque enfant puisse, pour créer un chemin personnel, produire son propre savoir. Ecartés, le « cours magistral » et le « par cœur » ; refusée, l'idée qu'une conception du monde pourrait être transmise aux enfants par leurs parents. Nous avons perdu le sens de la culture. Elle est pour nous, au mieux, un luxe inutile ; au pire, un bagage encombrant. Bien sûr, nous continuons de visiter les musées, d'aller au cinéma, d'écouter de la musique ; et en ce sens, nous n'avons pas consciemment rejeté loin de nous la culture. Mais elle ne nous intéresse plus que sous la forme d'une distraction superficielle, d'un plaisir intelligent ou d'un agrément décoratif.

De cette défiance vis-à-vis de la culture, on peut trouver partout le symptôme. Pour qui veut bien tendre l'oreille, le discours commun sur l'école, l'enfance, la société, la famille, la laisse entendre à chaque instant. Elle s'illustre par exemple dans la fascination contemporaine pour l'immense réservoir de données que nous offre la révolution numérique. Tel ancien ministre explique que, puisque toute la connaissance est désormais accessible sur le Web, les enfants peuvent être enfin délivrés de la tâche pénible d'apprendre. Tel intellectuel s'enthousiasme à l'idée que, pour la première fois, les petits génies du Net que sont les enfants de la jeune génération ont un meilleur accès à l'information que leurs propres parents, qui n'ont donc plus rien à leur enseigner. Par la grâce du Web, nous voilà dispensés de transmettre un savoir : il ne reste plus qu'à proposer des « savoir-faire », des « savoir-être »... Puisque les machines se chargent de stocker l'héritage pour nous, de nouveaux horizons de liberté peuvent s'ouvrir. Voilà bien un symptôme de cette défiance qui nous fait regarder la culture comme une aliénation dont nous serions les prisonniers, comme un fardeau dont il faudrait se décharger par tous les moyens.

Nous voulons toujours éduquer, mais nous ne voulons plus transmettre. La faillite de ce projet éclaire la crise contemporaine d'une lumière neuve : les enseignants ne sont pas subitement devenus médiocres, les parents n'ont pas massivement oublié leur responsabilité. On leur a simplement confié une mission impossible, impensable. La société leur a demandé d'éduquer, mais en laissant l'enfant libre, vierge de toute trace d'autorité, délivré de tout le poids d'une culture antérieure à son individualité. Nous voulons absolument éduquer les jeunes, au respect, à la tolérance, à la citoyenneté... Mais cela ne suppose pas de transmettre, croit-on. Il suffit de créer, pour se rassurer, le cadre flottant d'un ensemble de valeurs qu'on répète consensuelles en espérant qu'elles le deviennent ; puis l'enfant devra se lancer tout seul à la recherche de son savoir, de ses décisions morales et de son destin. Plus l'éducateur intervient, plus il s'investit, plus il est coupable, car ainsi il prive l'enfant de sa liberté première, de sa spontanéité — et l'empêche donc d'être lui-même. Tous ceux qui enseignent sont suspects ; tous ceux qui transmettent sont coupables.

La transmission, nous dit notre inconscient collectif, est une aliénation, parce qu'elle ôte à l'enfant la possibilité de construire tout seul ses propres références, de faire ses choix, d'adopter individuellement ses valeurs. Elle est une aliénation parce que, en le soumettant à l'emprise d'une autorité qui se rêve créatrice, elle l'empêche d'être l'auteur de lui-même. La transmission est une aliénation. Faute de l'avoir compris, nous répétaient les formateurs d'IUFM[1], l'école est restée un lieu d'oppression, « un système militaro-hospitalo-carcéral » — une structure qui tiendrait à la fois de la caserne, de l'hôpital et de la prison. La famille, quant à elle, ne peut être qu'une source de reproduction castratrice. De là provient l'étonnante distance qui règne dans l'école et dans la société contre les parents, et la défiance à leur égard qui caractérise souvent les salles de professeurs. Nous n'avons plus le sens de la culture qu'il nous appartient de transmettre, aussi ne voulons-nous pas la transmettre ; et, de ce fait, nous ne savons pas pourquoi nous sommes là...

Pourtant, la société exige toujours des adultes qu'ils éduquent. Obligés d'éduquer sans transmettre, et pris dans cette injonction dont personne ne veut voir qu'elle est contradictoire, ceux-ci sont condamnés à désespérer devant le spectacle de l'échec de leurs enfants, devant le constat d'une rupture qu'ils ont eux-mêmes provoquée. La jeunesse est pauvre aujourd'hui de tout ce qu'on ne lui a pas transmis, de toute la richesse de

---

1. Instituts universitaires de formation des maîtres, aujourd'hui Ecoles supérieures du professorat et de l'éducation (ESPE).

cette culture que, pour une très large part, elle ne comprend plus. Désemparée, déséquilibrée, elle revient bien souvent au dernier mode d'expression qui reste toujours disponible pour celui qui n'a plus de mots pour parler : la violence. Inarticulée, incompréhensible, dépourvue de sens, cette violence marque ceux qui n'ont pas eu la chance de fréquenter la culture par un autre moyen que l'école. Dans les familles les plus fragiles, les quartiers les plus défavorisés, la violence devient un moyen d'expression, quand la langue est un lieu hostile. Voilà le résultat de notre propre projet. Nous voulions dénoncer les héritages ; nous avons fait des déshérités.

D'où vient cette disqualification de la transmission ? C'est là sans doute la première question qu'il importe de se poser. Pour mieux le comprendre, il faut se lancer dans une généalogie de la modernité telle qu'elle se présente à nous, à travers ses manifestations concrètes. Si l'on veut bien voir les conséquences qu'elles entraînent, on comprendra que le diagnostic revêt une urgence certaine.

Nous pourrons ensuite tenter d'ouvrir des perspectives pour sortir de la crise que nous traversons. Comment reconstruire le dialogue entre les générations ? Sur quoi appuyer les nouvelles formes de transmission dont notre société a besoin pour fonder son avenir ? Il nous faut apporter une réponse, pour ne pas laisser dans le dénuement le plus vital une génération qui crie qu'elle ne veut pas mourir. Ce n'est qu'en empruntant ce chemin exigeant que nous pourrons éviter que le chant de notre civilisation ne devienne un chant de deuil, dont la nostalgie même sera bientôt incomprise. Nous serons vraiment à la hauteur de ce que nous avons reçu, si la force de la pensée se met au service de la vie. *Va, pensiero...*

Trois secousses dans un séisme

D'où vient le regard que nous portons aujourd'hui sur la culture ? Il est commun de penser que nos sociétés européennes sont marquées par une crise des institutions traditionnellement chargées de faire vivre les repères fondamentaux, et de transmettre ainsi une culture commune. Cette transmission ne va plus de soi, et c'est là précisément la situation que nous décrivons sous le terme de « crise ».

Mais ce terme pourrait induire un malentendu, en nous faisant penser qu'il ne s'agit que d'un phénomène accidentel. On pourrait l'interpréter comme le résultat de causes contingentes, extérieures à la culture elle-même, et supposer par exemple que la perte de confiance dans les figures traditionnelles de l'autorité provient du discrédit des institutions politiques, ou bien des perturbations des cycles économiques, ou même des progrès technologiques et des mutations profondes qu'ils entraînent.

Ce serait, me semble-t-il, une erreur : sans doute tel ou tel de ces facteurs contribue-t-il à la rupture que nous voulons étudier, ou bien les trois, et même d'autres encore. Mais cette dissolution de la culture est née de la culture elle-même ; et la crise de la transmission qui la caractérise est le résultat, non d'un accident conjoncturel, mais d'une critique très profonde, dont la généalogie s'étend sur plusieurs siècles.

Il suffit, pour s'en rendre compte, de prendre le temps d'un rapide retour en arrière. Rechercher les traces de cet effort critique, c'est mesurer l'ampleur de ce qui est en jeu dans la crise qu'il suscite. Toute la civilisation occidentale est conduite par la modernité jusqu'à un point de rupture, dont nous observons aujourd'hui, dans les débats les plus actuels, la proximité concrète.

J'ai tenté ici d'isoler trois moments importants de cette critique de la transmission par la modernité. Mais, au préalable, je voudrais faire deux remarques liminaires.

Tout d'abord, puisqu'il s'agit ici de transmission, précisons qu'il ne s'agissait pas pour moi de revenir sur l'histoire de la pédagogie ni sur la discussion des méthodes éducatives à proprement parler. J'ai tenté chaque fois de dégager des travaux que j'ai isolés une vision fondamentale de la culture et de l'éducation ; et c'est à ce même niveau que je tente de situer ma réponse, dans une seconde partie. On ne s'attendra donc pas à y lire des développements techniques, encore moins des conseils de pédagogie.

De cette généalogie qui est ici esquissée, on comprendra bien par ailleurs qu'elle ne puisse être que très schématique. J'ai choisi de citer trois auteurs qui me semblent emblématiques de cette critique radicale de la transmission, telle qu'elle se déploie à l'intérieur de la pensée occidentale depuis plusieurs siècles. Il faudrait, pour compléter cette histoire des idées, approfondir encore leurs travaux et les relier à de nombreux autres penseurs. Si cette première approche peut donner au lecteur l'envie de continuer cette entreprise, et quelques clés pour relire l'aventure intellectuelle de la modernité, elle aura atteint son objectif. Elle permet déjà de poser un premier constat clair : la crise de la culture — de l'éducation, de la famille, des autorités traditionnellement investies de la responsabilité sociale de la transmission — n'est pas un échec, contrairement à ce que nous pourrions penser superficiellement. Elle est au contraire le résultat d'un travail réfléchi, durable, explicite. La position actuelle de l'école, et de l'autorité éducative en général, marque l'accomplissement d'une vision mûrie depuis longtemps, et dont on peut trouver la progressive élaboration chez trois auteurs majeurs de notre histoire.

Descartes : la transmission, faille de la raison

Révolution scientifique

Le premier moment de cette révolution souterraine intervient au beau milieu de la révolution scientifique qui marque le XVIIe siècle.

Nous sommes en 1634. René Descartes a trente-huit ans ; il s'est retiré en Hollande depuis quelques années, après une vie d'érudit aventureux et de voyageur infatigable. Mathématicien, physicien, astronome, moraliste, ingénieur et soldat dans diverses armées, Descartes a touché à tout ce vers quoi son insatiable curiosité le portait. Après de belles études chez les Jésuites, au collège royal de La Flèche, puis à la faculté de droit de Poitiers, il a publié une dizaine d'ouvrages et d'études en latin, qui traitent de musique, d'escrime, de physique des solides, d'optique ou de théologie. Ces premiers essais, reflets de son esprit vif et ouvert, ont contribué à asseoir sa réputation dans les cercles savants des villes où ses pérégrinations incessantes l'ont conduit : en Hollande, il a été repéré pour avoir résolu en grand nombre les problèmes que les doctes

Néerlandais publiaient sur des affichettes, dans une sorte de concours public. En Allemagne, il traverse une période d'enthousiasme presque mystique en rêvant de sa vocation au service de la science. En Italie, puis en France et de nouveau dans les pays nordiques, en Suède ou au Danemark, il se lie partout avec ce que son siècle compte de savants : Reneri, Gollius, Schooten, Hortensius, Plempius... Il gardera longtemps des relations soutenues avec Beeckman, physicien hollandais de renom, ou le père Mersenne, véritable pivot de la vie intellectuelle parisienne.

En cette période où l'Europe connaît une intense activité scientifique, Descartes, replié dans les Provinces-Unies, ne cesse de se déplacer d'une ville à l'autre : Amsterdam, Franeker, Egmond, Leyde, Deventer. Il fréquente les universités, les cercles intellectuels, tout en travaillant à une réforme de la notation mathématique et à un recueil d'observations anatomiques. Il prépare également un *Traité du monde et de la lumière.* Mais au milieu de l'année 1634, un événement va transformer en profondeur l'orientation de ces travaux : Descartes apprend par Beeckman la nouvelle de la condamnation de Galilée par le Saint-Office.

Le célèbre partisan de l'héliocentrisme, ami du pape Urbain VIII, avait réussi à rallier à sa théorie une grande partie de la cour pontificale, et l'Eglise avait d'ailleurs expressément autorisé l'exposition du système copernicien comme méthode de calcul astronomique. Après la controverse de 1616 avec le cardinal Bellarmin, qui se déroulait essentiellement sur le terrain scientifique, Galilée, n'ayant pu prouver le mouvement de la Terre, s'était vu interdire de présenter l'héliocentrisme autrement que comme une hypothèse. Cela ne l'empêche pourtant pas, quelques années plus tard, de tourner en dérision la théorie de Ptolémée dans le *Dialogue sur les deux plus grands systèmes du monde*. Le pape lui avait demandé de rédiger un texte présentant loyalement les deux théories en présence ; et Galilée écrit un dialogue dans lequel l'avocat du géocentrisme, un piètre orateur nommé Simplicius, se fait constamment ridiculiser par ses deux interlocuteurs. C'est le caractère affirmatif et polémique de l'ouvrage qui lui vaut d'être condamné par l'autorité ecclésiastique, le 22 juin 1633[1].

La nouvelle se répand progressivement dans toute l'Europe savante. Les décrets parviennent en Allemagne fin août, et c'est en septembre que Descartes apprend la condamnation. Sa réaction est ambivalente. S'il renonce par prudence à publier son propre *Traité du monde et de la lumière*, dans lequel il soutenait une thèse héliocentrique proche de celle de Galilée, il ne considère pas pourtant que ce dernier ait suivi la meilleure voie. En s'enfermant dans sa querelle, en usant des moyens sophistiqués de la scolastique et en abusant des facilités de la rhétorique, l'astronome pisan a glissé loin de la rigueur propre à la science et a rendu sa propre doctrine vulnérable. Pour Descartes, une vérité scientifique doit

1. On trouvera une belle analyse des conséquences théoriques de cet épisode dans l'ouvrage de Pierre Duhem, *Sauver les apparences : essai sur la notion de théorie physique de Platon à Galilée*, Vrin, 2003.

s'imposer par une forme d'évidence rationnelle. Et c'est là le défi principal qui lui semble devoir être maintenant relevé : échafauder la meilleure méthode, le chemin le plus sûr, pour obtenir enfin un savoir qui soit certain et indubitable.

Désillusion du bon élève

Descartes ne publiera donc pas son *Traité du monde* ; il va simplement en diffuser trois extraits, la *Dioptrique*, les *Météores* et la *Géométrie*, en les faisant précéder d'un texte introductif, baptisé *Discours de la méthode* (1637). Bientôt, ce *Discours* sera édité à part, et il deviendra beaucoup plus célèbre que les travaux auxquels il devait servir de préface. Le *Discours de la méthode* est le premier événement d'une révolution dont, nous le verrons, les conséquences seront immenses.

C'est pourtant un texte tout à fait anodin dans son abord, d'approche facile, plaisant même, comme une conversation imagée, pleine de vie et de verve. Pour expliquer l'esprit de sa recherche, Descartes revient, au début de la première partie de l'ouvrage, sur sa propre histoire et sur ses années d'école. Dans ce passage introductif, nous pouvons lire le point de départ du bouleversement qui s'annonce.

> J'ai été nourri aux lettres dès mon enfance ; et parce qu'on me persuadait que, par leur moyen, on pouvait acquérir une connaissance claire et assurée de tout ce qui

> est utile à la vie, j'avais un extrême désir de les apprendre.

Ainsi s'exprime le jeune élève de La Flèche, que tous ses maîtres décrivaient comme doué et studieux, toujours le premier au travail, désireux, selon l'expression de l'un de ses pères, de « surpasser encore ceux qui déjà passaient tous les autres ». Le jeune René désirait apprendre, parce qu'il croyait trouver dans l'enseignement de ses maîtres « une connaissance claire et assurée », un savoir certain et fondé. Le *Discours de la méthode* naît d'abord de la désillusion qui répondit à cette espérance.

> Sitôt que j'eus achevé tout ce cours d'études, au bout duquel on a coutume d'être reçu au rang des doctes, je changeai entièrement d'opinion. Car je me trouvais embarrassé de tant de doutes et d'erreurs qu'il me semblait n'avoir fait autre profit, en tâchant de m'instruire, sinon que j'avais découvert de plus en plus mon ignorance. Et néanmoins j'étais en l'une des plus célèbres écoles de l'Europe, où je pensais qu'il devait y avoir de savants hommes, s'il y en avait en aucun endroit de la Terre. J'y avais appris tout ce que les autres y apprenaient ; et même, ne m'étant pas contenté des sciences qu'on nous enseignait, j'avais parcouru tous les livres, traitant de celles qu'on estime les plus curieuses et les plus rares, qui avaient pu tomber entre mes mains. Avec cela, je savais les jugements que les autres faisaient de moi ; et je ne voyais point qu'on m'estimât inférieur à mes condisciples, bien qu'il y en eût déjà entre eux quelques-uns qu'on destinait à

> remplir les places de nos maîtres. Et enfin notre siècle me semblait aussi fleurissant, et aussi fertile en bons esprits, qu'ait été aucun des précédents. Ce qui me faisait prendre la liberté de juger par moi de tous les autres, et de penser qu'il n'y avait aucune doctrine dans le monde qui fût telle qu'on m'avait auparavant fait espérer.

Ce texte contient déjà en germe tout le profond désamour de l'école, dans les diverses formes que nous lui verrons revêtir par la suite. On y lit le désespoir de Descartes, qui ne trouve dans l'enseignement de ses maîtres qu'un fatras de doctrines obscures, compliquées et incertaines. Aucune d'entre elles n'emporte son adhésion, aucune ne semble trancher véritablement sur la confusion qui règne dans l'ordre de la pensée. Aussi le bon élève se trouve-t-il malheureux et ridicule. La dérision récurrente du premier de classe, qui est ici plutôt de l'autodérision, est déjà contenue dans ces quelques lignes : j'étais, nous dit en substance Descartes, le meilleur élève, de la meilleure école, dans le siècle le plus avancé ; et pourtant je n'avais pas fait un pas pour sortir de mon ignorance initiale. Cette gigantesque confusion, affirme-t-il, n'est pas une insuffisance de l'école : elle en est l'essence même.

Support dérisoire de ce tas de science incertain, le livre apparaît naturellement comme un objet vain et encombrant, une promesse toujours décevante ; le moyen par lequel on croit retenir un savoir n'est que le cache-misère de l'érudition inutile. « J'avais parcouru tous les livres… » Déjà on entend résonner le constat résigné et malheureux de Mallarmé devant l'absurdité de ces fossiles du savoir : « La chair est triste, hélas ! Et j'ai lu tous les livres... »

L'école est désespérante. Voilà, en un mot, le constat sur lequel s'achève ce paragraphe. A quoi pourrait-elle bien servir, puisque rien de ce qu'elle transmet n'échappe à une définitive incertitude ? Elle n'est utile, répond Descartes, que pour les travaux qu'on y pratique, et qui ont au moins pour vertu d'éveiller l'esprit de l'enfant, à défaut d'y laisser comme résultat un contenu de connaissances valable. « Je ne laissais pas toutefois, dit-il, d'estimer les exercices auxquels on s'occupe dans les écoles. » S'ensuit alors un exposé précis de l'efficacité que Descartes prête à ces différents travaux : l'histoire forme le jugement, la morale lui donne de la hauteur, la philosophie aide à s'exprimer, « la gentillesse des fables réveille l'esprit »... Ainsi, ces disciplines peuvent être avantageusement cultivées, non pas tant pour leur contenu, qui est incertain et donc de peu d'intérêt, que comme des « matières d'éveil », pour les exercices auxquels elles accoutument. Cela même nous évitera d'ailleurs d'être victimes de leurs illusions dans l'avenir... « Il est bon, conclut Descartes, de les avoir toutes examinées, même les plus superstitieuses et les plus fausses, afin de connaître leur juste valeur et de se garder d'en être trompé. »

Cette idée tout à fait nouvelle de l'école, notre époque l'a traduite par l'une de ces expressions ampoulées dont elle a le secret : l'élève ne doit pas acquérir des savoirs, mais des « savoir-faire », et même des « savoir-être ». Autrement dit, elle n'est pas le lieu de la transmission d'un contenu commun de connaissances, qui resterait inévitablement daté, incertain, et donc inutile ; ce contenu, qui constitue de façon très générale ce qu'on appelle la culture, est nécessairement soumis à un relativisme qui s'impose par le simple constat de la diversité infinie des doctrines. « Il ne se trouve encore aucune chose dont on ne dispute, et par conséquent qui ne soit douteuse [...] ; considérant combien il peut y avoir de diverses opinions, touchant une même matière, qui soient soutenues par des gens doctes [...], je jugeais qu'on ne pouvait avoir rien bâti qui fût solide sur des fondements si peu fermes. » Aussi faut-il se libérer promptement de l'école :

> [Je] croyais avoir déjà donné assez de temps [...] à la lecture des livres anciens, et à leurs histoires, et à leurs fables. Car c'est quasi le même de converser avec ceux des autres siècles que de voyager. Il est bon de savoir quelque chose des mœurs de divers peuples, afin de juger des nôtres plus sainement, et que nous ne pensions pas que tout ce qui est contre nos modes soit ridicule, et contre raison, ainsi qu'ont coutume de faire ceux qui n'ont rien vu. Mais lorsqu'on emploie trop de temps à voyager, on devient enfin étranger en son pays.

La culture, déformation de notre nature

Si l'étude nous permet de prendre du recul et de développer nos facultés d'analyse, elle menace donc en même temps de nous rendre étrangers à nous-mêmes.

Descartes compare le savoir que l'on y reçoit à un séjour en terre lointaine, qui ouvre l'esprit à la diversité des opinions, mais risque de nous faire oublier qui nous sommes s'il se prolonge trop ; il parle d'expérience, lui qui n'a cessé de voyager depuis qu'il a terminé ses études — jeté sur les routes par un « coup de foie », comme il le dira plus tard. Courir l'aventure pour se libérer l'esprit de cette somme de savoirs figés et accumulés pendant ses études, et pour mettre à profit les facultés intellectuelles développées par les fastidieux exercices académiques : ce qui a poussé le jeune René au voyage, c'est d'abord le désir de se libérer d'un assujettissement pour construire désormais lui-même son propre savoir.

> Sitôt que l'âge me permit de sortir de la sujétion de mes précepteurs, je quittai entièrement l'étude des lettres. Et me résolvant de ne chercher plus d'autre science que celle qui se pourrait trouver en moi-même, ou bien dans le grand livre du monde, j'employai le reste de ma jeunesse à voyager.

De ces années d'itinérance, Descartes retire le sentiment de la fragilité du savoir qui lui a été enseigné. La diversité des mœurs qu'il observe d'un lieu à l'autre s'ajoute à la diversité des opinions qu'il a lues dans les livres pour conforter en lui un scepticisme radical à l'encontre des connaissances qu'on pourrait espérer recevoir des autres. Partout, des idées parfaitement insensées et ridicules servent de principe à la théorie des savants et à la vie des sociétés ; en constatant cela, nous dit Descartes, « j'apprenais à ne rien croire trop fermement » de « l'exemple et [de] la coutume » des autres hommes. La diversité et la confusion des cultures ne peuvent alors n'avoir qu'un effet : celui d'« offusquer notre lumière naturelle ».

En effet, et c'est là le point essentiel, la culture est une altération, une déformation de notre nature. Le même homme vivant dans des pays différents n'aura pas les mêmes convictions ni la même manière d'agir et de vivre selon la culture dont il aura été imprégné dans son enfance. L'école est le lieu principal de cette déformation, de cet éloignement de notre nature propre. L'enfant y apprend à ne plus être lui-même. Le relativisme culturel est le choc théorique qui a réveillé Descartes et l'a empêché de croire « trop fermement » en ce qui lui avait été transmis. Je n'aurais jamais douté de rien, affirme-t-il,

> [...] si je n'avais jamais eu qu'un seul maître, ou que je n'eusse point su les différences qui ont été de tout temps entre les opinions des plus doctes. Mais ayant appris, dès le collège, qu'on ne saurait rien imaginer de si étrange et si peu croyable qu'il n'ait été dit par quelqu'un des philosophes ; et depuis, en voyageant, [...] ayant considéré combien un même homme, avec son même esprit, étant nourri dès son enfance entre des Français ou des Allemands, devient différent de ce qu'il serait s'il avait toujours vécu entre des Chinois ou des cannibales [...] ; je ne pouvais choisir personne dont les opinions me semblassent devoir être préférées à celles

des autres, et je me trouvai comme contraint d'entreprendre moi-même de me conduire.

Un homme n'est pas le même selon le lieu où il a été éduqué, « nourri ». En 1885, le Littré, à l'article « Instruction », écrivait simplement : « Mot nouveau. Autrefois on disait nourriture. » Cette « nourriture » qu'est l'éducation modèle, transforme, déforme notre nature. Elle rend donc forcément relatives toutes les opinions que nous pourrons fonder sur elle par la suite. Aussi, pour qui veut chercher un savoir absolu, un savoir qui échappe à cette relativité définitive de la culture, il ne reste qu'une solution : « ne chercher plus d'autre science que celle qui se pourrait trouver en [soi]-même ». Revenons à cette « lumière naturelle » de la raison, et libérons-la de tout ce qui nous a été imposé par l'école, ou de tout ce qui, plus largement, nous a été transmis.

> Mais après que j'eus employé quelques années à étudier ainsi dans le livre du monde et à tâcher d'acquérir quelque expérience, je pris un jour résolution d'étudier aussi en moi-même, et d'employer toutes les forces de mon esprit à choisir les chemins que je devais suivre ; ce qui me réussit beaucoup mieux, ce me semble, que si je ne me fusse jamais éloigné ni de mon pays ni de mes livres.

Eloignons-nous des livres ; remplaçons l'incertitude du savoir que nous avons reçu par la certitude de l'unique connaissance légitime, celle que l'on peut construire par soi-même. Choisissons tout seuls notre propre chemin. Seules les idées que notre raison aura produites d'elle-même seront claires et distinctes, et donc indubitables. Cette intuition, qui clôt le premier chapitre du *Discours de la méthode*, est le principe auquel Descartes va consacrer son œuvre, et qui va bouleverser l'histoire.

L'individu, unique auteur du savoir

On a reconnu dans l'itinéraire de Descartes l'amorce du projet qui le conduira aux *Méditations métaphysiques* (1641). Muni de la méthode qu'il a mise au point dans son *Discours*, le bon élève repenti décide de faire une fois pour toutes le tri dans l'ensemble des opinions qu'il a « reçues en [sa] créance ». Les *Méditations* ne ressemblent pas à un texte philosophique ordinaire : elles appellent à un travail sur soi, à un examen intérieur. Sans doute faut-il y voir le savoir-faire acquis par un ancien élève des Jésuites, que les années de collège ont rendu familier de la méthode ignacienne des exercices spirituels.

Dans la première *Méditation,* Descartes se propose d'user, pour opérer une sélection rigoureuse dans ses opinions, d'un outil qu'il reconnaît être peu banal — celui que la tradition a baptisé « doute hyperbolique ». Le principe en est très simple : il s'agit de considérer comme faux tout ce dont il est au moins possible de douter, quelque improbable que soit ce doute. Ainsi aurons-nous une chance d'évacuer définitivement les résidus de la transmission dont nous avons été victimes et de tout recommencer depuis le début, aussi bien que si nous n'avions jamais subi la déformation de l'école. C'est d'ailleurs par le constat renouvelé de la tragédie théorique que constitue l'éducation que commencent les *Méditations* :

> Ce n'est pas d'aujourd'hui que je me suis aperçu que, dès mes premières années, j'ai reçu quantité de fausses opinions pour véritables, et que ce que j'ai depuis fondé sur des principes si mal assurés ne saurait être que fort douteux et incertain ; et dès lors j'ai bien jugé qu'il me fallait entreprendre sérieusement une fois en ma vie de me défaire de toutes les opinions que j'avais reçues auparavant en ma créance, et commencer tout de nouveau dès les fondements si je voulais établir quelque chose de ferme et de constant dans les sciences. [...] Maintenant donc que mon esprit est libre de tous soins, et que je me suis procuré un repos assuré dans une paisible solitude, je m'appliquerai sérieusement et avec liberté à détruire généralement toutes mes anciennes opinions.

Le problème de « mes anciennes opinions », c'est précisément qu'elles ne sont pas les miennes, en réalité. Elles sont le dépôt des aléas de l'histoire et de la coutume, le résultat des hésitations et des turbulences de la culture. Aussi faut-il en reprendre les « fondements ». Descartes retrouve ici la métaphore architecturale qu'il développait dans la seconde partie du *Discours de la méthode*.

> Je m'avisai de considérer que souvent il n'y a pas tant de perfection dans les ouvrages composés de plusieurs

> pièces, et faits de la main de divers maîtres, qu'en ceux auxquels un seul a travaillé. Ainsi voit-on que les bâtiments qu'un seul architecte a entrepris et achevés ont coutume d'être plus beaux et mieux ordonnés que ceux que plusieurs ont tâché de raccommoder, en faisant servir de vieilles murailles qui avaient été bâties à d'autres fins. [...] A voir comme ils sont arrangés, ici un grand, là un petit, et comme ils rendent les rues courbées et inégales, on dirait que c'est plutôt la fortune que la volonté de quelques hommes usant de raison qui les a ainsi disposés.

Plutôt que de maintenir sur pied les murs mal assurés de la culture, mieux vaut encore les détruire pour bâtir, sur de nouvelles bases, une maison entièrement refondée. Ainsi Descartes est-il plus révolutionnaire que Galilée ; ce qu'il reproche à ce dernier, c'est justement d'avoir cherché à installer son système dans le paysage de la controverse scolastique, plutôt qu'à procéder à la refondation théorique qu'il supposait.

Remarquons au passage que, quoiqu'il s'en défende, ce n'est pas seulement sa propre « maison » que Descartes renverse ici, mais bien le fondement théorique de la civilisation de son temps. Dans l'ordre du savoir, comme dans celui de la politique et de la morale, l'autorité de la tradition est, à l'âge classique, universellement reconnue. C'est sur la force de la coutume que s'appuie l'ordre établi, qui trouve dans le poids de l'histoire et de l'acceptation générale, dans ce que les anciens appelaient le *mos majorum*, l'argument ultime qui justifie son bien-fondé. Descartes inverse ici la perspective établie par Aristote : dans les *Politiques*, le philosophe affirmait que, la droite raison étant partagée par tous les hommes, il y avait plus de chances, en cas de désaccord, que beaucoup d'hommes soient du côté du vrai plutôt que peu. Le collectif tend vers la vérité plus que l'individu isolé. C'est cette idée que Descartes inverse totalement, en se saisissant d'ailleurs du même point de départ, puisque le *Discours de la méthode* commence par affirmer que « le bon sens est la chose du monde la mieux partagée ».

Pour Descartes, un homme seul a plus de chances d'arriver à construire son savoir avec exactitude. Le projet cartésien se veut individuel : je détruis en moi-même les sédiments de la tradition, pour les remplacer par l'œuvre ordonnée de la raison. Cette idée porte d'emblée sa force révolutionnaire, au sens propre du terme. Un siècle plus tard, c'est dans l'élan du cartésianisme que les Lumières contesteront à la tradition, à l'autorité, aux « préjugés », leur validité autoproclamée. Le projet solitaire de Descartes ne concerne pas qu'une maison, il ébranle la cité tout entière ; la *res novae* dans la connaissance, la révolution théorique, précède la révolution politique.

Si le seul savoir authentique est celui que l'individu construit par lui-même, le rôle de l'éducateur s'en trouve totalement renversé. Son travail, à l'image de ce que Descartes cherche à faire en écrivant, ne sera pas de *transmettre* une connaissance, qui ne saurait être qu'une opinion de plus dans le concert désaccordé de l'incertitude universelle. Il aura au contraire pour mission de proposer une méthode pour aider celui qui subit l'éducation à conserver sa raison naturelle afin de pouvoir, devenu adulte, réitérer l'expérience nécessairement solitaire de la fondation du savoir. L'enseignant, comme tout éducateur (Descartes ne mentionne jamais les parents), ne saurait donc imposer aucun contenu de connaissance à l'enfant, mais seulement lui enseigner le travail du doute, ou ce que notre pédagogie appelle « l'esprit critique ». Apprendre à douter, plutôt qu'à croire ; à se méfier, plutôt qu'à adhérer ; à détruire pour devenir l'auteur de sa propre construction, plutôt qu'à conserver ce que d'autres ont pu bâtir avant nous. Le cartésianisme inaugure l'ère de la *tabula rasa*. L'école idéale devrait être le premier lieu de la déconstruction, conçue comme un gage de liberté dans la recherche de la vérité et comme la possibilité maintenue pour l'enfant d'être vraiment lui-même, de disposer de ses propres connaissances.

Nous voyons que la culture est cause que l'homme devient étranger à lui-même, qu'il n'est pas le même selon le lieu du monde où il vit et les coutumes qu'il adopte. Aussi devient-il urgent d'assigner pour mission au maître de ne plus transmettre sa culture, ses connaissances, *fussent-elles vraies* ; mais simplement la méthode universelle qui permettra à l'enfant de développer sa propre raison, ce qui le prémunira d'adopter des opinions qu'il n'a pas choisies ni examinées. Descartes ne déroge d'ailleurs pas à l'esprit qu'il expose ainsi, en présentant son travail, à la fin du *Discours de la méthode*, comme le point de départ d'un itinéraire solitaire. Je ne veux pas, dit-il, vous communiquer mes idées, mais seulement vous montrer la méthode que j'ai suivie :

Que si [mes lecteurs] veuillent suivre un dessein semblable au mien, ils n'ont pas besoin, pour cela, que je leur dise rien davantage que ce que j'ai dit en ce discours. Car, s'ils sont capables de passer plus outre que je n'ai fait, ils le seront aussi, à plus forte raison, de trouver d'eux-mêmes tout ce que je pense avoir trouvé. D'autant [qu']ils auraient bien moins de plaisir à l'apprendre de moi que d'eux-mêmes ; outre que l'habitude qu'ils acquerront en cherchant [...] leur servira plus que toutes mes instructions ne sauraient faire. Comme, pour moi, je me persuade que, si on m'eût enseigné, dès ma jeunesse, toutes les vérités dont j'ai cherché depuis les démonstrations, et que je n'eusse eu aucune peine à les apprendre, je n'en aurais peut-être jamais su aucunes autres, et du moins que jamais je n'aurais acquis l'habitude et la facilité, que je pense avoir, d'en trouver toujours de nouvelles, à mesure que je m'applique à les chercher.

Tout est dit : quand bien même l'école m'aurait enseigné des vérités démontrées et établies avec certitude, elle aurait commis une faute en m'empêchant de les trouver par moi-même. La transmission est un abus de faiblesse : profitant du fait que la raison de l'enfant n'est pas encore assez formée pour examiner avec soin les opinions qu'on lui propose, nous lui appliquons de l'extérieur, en la maintenant passive, un certain état de notre culture. Même si nous ne lui transmettons que des vérités certaines, cette passivité même le maintiendra dans un état de sujétion qui lui ôtera pour toujours la capacité de poursuivre sa propre recherche, s'il ne passe pas par la purgation salutaire du doute radical. Dans sa liberté, tout homme doit choisir entre deux positions, celle de l'arbre ou celle du lierre. Ceux qui reçoivent leur savoir d'autres qu'eux-mêmes sont

> … comme le lierre, qui ne tend point à monter plus haut que les arbres qui le soutiennent, et même souvent qui redescend, après qu'il est parvenu jusques à leur faîte ; car il me semble aussi que ceux-là redescendent, c'est-à-dire se rendent en quelque façon moins savants que s'ils s'abstenaient d'étudier.

Mieux vaudrait encore ne rien savoir plutôt que d'avoir des connaissances que nous ayons simplement reçues. Cette idée revient en permanence chez Descartes, et nous la retrouverons chez d'autres auteurs : il vaut mieux n'avoir que très peu d'idées qui soient vraies, et dont nous connaissons le fondement, plutôt que d'en avoir beaucoup qui soient incertaines. « Je me résolus d'aller si lentement, écrit Descartes, et d'user de tant de circonspection en toutes choses que, si je n'avançais que fort peu, je me garderais bien, au moins, de tomber. » Aller lentement et ne pas progresser beaucoup, plutôt que d'avancer loin sans avoir tracé seul sa route ; ou, comme le dit Cyrano sous la plume de Rostand, en reprenant la comparaison végétale :

> Bref, dédaignant d'être le lierre parasite,
> Lors même qu'on n'est pas le chêne ou le tilleul,
> Ne pas monter bien haut, peut-être ; mais tout seul !

Tout seul. L'unique connaissance légitime est celle qui est construite et attestée par l'individu connaissant, « ajustée au niveau de [sa] raison ». Toute autre connaissance encombre, pollue, dévie notre raison. Descartes illustre d'ailleurs cette idée en publiant le *Discours de la méthode* en français, langue du peuple, plutôt qu'en latin, utilisé par les savants et les universitaires. C'est le premier traité de philosophie qui soit ainsi édité en langue vulgaire. C'est que, explique-t-il, son œuvre sera mieux comprise par ceux dont la raison n'a pas été obscurcie par la culture et les livres :

> Et si j'écris en français, qui est la langue de mon pays, plutôt qu'en latin, qui est celle de mes précepteurs, c'est à cause que j'espère que ceux qui ne se servent que de leur raison naturelle toute pure jugeront mieux de mes opinions que ceux qui ne croient qu'aux livres anciens.

Ou pour le dire autrement : bienheureux ceux qui ne sont jamais allés à l'école, leur jugement n'a pas été faussé !

L'école, tragédie de l'homme moderne

Ainsi voyons-nous apparaître peu à peu la figure de l'homme cartésien, qui demeure notre figure de référence. Plus qu'aucun autre, en effet, Descartes aura contribué à dessiner les grands traits de la modernité, au point que son travail structure implicitement notre conscience collective, d'une façon absolue et indiscutable. Passé par la crise du doute, qu'il a transformé en méthode, l'homme moderne a révoqué définitivement tout héritage ; il ne veut rien recevoir du passé. Pour être libre, il veut être l'auteur de lui-même. Pour posséder la certitude absolue, à laquelle, en fait, il tient presque plus qu'à la vérité, il veut être le seul juge et créateur de son savoir. Les autres ne lui sont d'aucun secours, si ce n'est pour l'exercer, l'entraîner, éprouver ses facultés.

L'homme moderne n'a pas de père ; il a eu des maîtres, et ce simple fait est la malédiction originelle qu'il s'attache à réparer. Son drame est d'avoir été un enfant. Descartes l'écrit d'ailleurs avec beaucoup de clarté dans un paragraphe du *Discours* qui illustre à la perfection le regard de la modernité sur le passé :

> Et ainsi je pensai que les sciences des livres, [...] s'étant composées et grossies peu à peu des opinions de plusieurs diverses personnes, ne sont point si approchantes de la vérité que les simples raisonnements que peut faire naturellement un homme de bon sens touchant les choses qui se présentent. Et ainsi encore je pensai que, pour ce que nous avons tous été enfants avant que d'être hommes, et qu'il nous a fallu longtemps être gouvernés par nos appétits et nos précepteurs, qui étaient souvent contraires les uns aux autres, et qui, ni les uns ni les autres, ne nous conseillaient peut-être pas toujours le meilleur, il est presque impossible que nos jugements

soient si purs ni si solides qu'ils auraient été si nous avions eu l'usage entier de notre raison dès le point de notre naissance et que nous n'eussions jamais été conduits que par elle.

« Pour ce que nous avons tous été enfants avant que d'être hommes… » Le cartésien accompli est celui qui aurait eu immédiatement, dès sa naissance, l'usage entier de ses facultés. Nul doute alors que son savoir aurait été parfait, solide, clair et définitif. Mais son malheur tient dans ce laps de temps qui dure de la naissance à l'âge adulte et dans cette étrange infirmité provisoire de la raison qui s'appelle l'enfance. Dans ce temps de faiblesse et de passivité critique, l'individu a subi l'influence massive de la culture, c'est-à-dire du contenu des savoirs qui lui ont été enseignés.

Ainsi l'homme moderne a-t-il trouvé son ennemi : la transmission, la tradition (qui vient du latin *tradere*, qui signifie « transmettre »). Pour retrouver la « pureté » et la « solidité » de son jugement, il faut qu'il se délivre de la culture, qu'il revienne à la lumière naturelle de sa raison. Ainsi, libéré de toute autorité extérieure, il pourra devenir enfin l'auteur de lui-même.

Mais ne pourrions-nous pas imaginer en fait que la raison soit déjà parfaitement accomplie, naturellement développée, chez l'enfant ? Cette idée, c'est Rousseau qui va la défendre, donnant ainsi, plus d'un siècle après Descartes, un nouveau visage à la modernité.

Rousseau : la transmission, pollution de la nature

L'illumination de Vincennes

Jamais un auteur n'aura eu, sans doute, autant d'impact sur son siècle que Rousseau. Philosophe des Lumières, sa position est singulière et sa place ambiguë parmi les auteurs de sa génération. C'est dans le décalage entre le solitaire Jean-Jacques et l'optimisme rationaliste du XVIIIe siècle que va lever le ferment d'une pensée dont la maturation ébranlera l'Occident.

Tout commence par un petit matin d'octobre 1749. Âgé de trente-sept ans, Rousseau est encore inconnu du grand public ; au terme d'une vie décousue, faite de pérégrinations, d'études et de petits emplois, il s'est installé à Paris et s'est lié avec les cercles intellectuels de la capitale. Après avoir écrit un opéra, rapidement tombé dans l'oubli, il s'est attaché à proposer un nouveau système de notation musicale, tout en participant à l'*Encyclopédie*.

Ce matin, donc, Rousseau marche vers Vincennes pour rendre visite à son ami Denis Diderot, emprisonné pour trois mois à la suite de sa *Lettre sur les aveugles à l'usage de ceux qui voient.* Sur la route, il va vivre l'« illumination » qui constitue le véritable point de départ de sa carrière. Il racontera cet épisode à deux reprises, dans les *Confessions* et dans une lettre à Malesherbes de 1762.

Lisant en chemin un exemplaire du *Mercure de France,* Rousseau tombe sur le sujet donné par l'académie de Dijon pour son concours annuel : « Si le rétablissement des sciences et des arts a contribué à épurer les mœurs. » « A l'instant de cette lecture, écrit Rousseau, je vis un autre univers et je devins un autre homme. » Une idée vient de germer en lui, ou du moins de se cristalliser : « Si jamais quelque chose a ressemblé à une inspiration subite, c'est le mouvement qui se fit en moi à cette lecture. » Cette intuition initiale sera le leitmotiv de toute son œuvre. Il l'exposera non seulement dans le *Discours sur les sciences et les arts,* sa réponse au sujet du concours, mais aussi dans ses œuvres philosophiques ultérieures, comme il l'expliquera lui-même :

> Tout ce que j'ai pu retenir de ces foules de grandes vérités qui dans un quart d'heure m'illuminèrent sous cet arbre a été bien faiblement épars dans les trois principaux de mes écrits, savoir ce premier discours, celui sur l'inégalité et le traité de l'éducation, lesquels trois ouvrages sont inséparables et forment ensemble un même tout.

Cette précision de Rousseau est précieuse, car elle nous permet de saisir l'unité de ces trois œuvres, unité d'un mouvement qui a produit, dans le prolongement paradoxal des Lumières, la société que nous connaissons. Le plus simple sera donc de reprendre le principe posé par Rousseau dans ses premiers ouvrages, pour mieux comprendre l'étendue de ses conséquences.

Le développement des sciences et des arts, ces deux versants de la culture, a-t-il permis d'élever les hommes vers le bien ? Pour les Lumières, cette question de l'académie de Dijon ressemblait à une question rhétorique. L'élan du XVIIIe siècle vers la libération des énergies de la création et de la recherche est inspiré par la certitude que la culture contient toute la formidable puissance de progrès dont l'humanité dispose. Contre le despotisme et les préjugés, contre le pouvoir étouffant et conservateur du dogme, le savoir est l'arme suprême sur lequel repose la conquête de la liberté. C'est cet optimisme rationaliste, directement inspiré par la conception révolutionnaire de Descartes, qui explique le projet de l'*Encyclopédie*, projet politique autant que scientifique. Les philosophes des Lumières croient dur comme fer que le salut viendra « des sciences et des arts, seuls capables de débarrasser les peuples de leur avilissement superstitieux ».

Au milieu de cet optimisme général, le premier *Discours* résonne comme un coup de tonnerre. A cette question tranchée d'avance, Rousseau apporte en effet la réponse la plus inattendue qui soit : le progrès de la civilisation, affirme-t-il, a rendu l'homme à la fois mauvais et malheureux. Plus l'homme a perfectionné la culture, plus il s'est perdu en s'éloignant de sa nature.

Voilà l'idée qui, après avoir sans doute mûri en secret pendant longtemps, éclôt soudain dans l'esprit de notre marcheur sur le chemin de Vincennes. Incapable d'avancer plus loin ou de différer le moment d'écrire, il s'assied sous un arbre et couche sur le papier un texte qui deviendra célèbre, la prosopopée de Fabricius. Pour expliquer son intuition soudaine, Rousseau fait parler un mort : il imagine le discours qu'aurait tenu Fabricius, un consul romain du IIIe siècle avant Jésus-Christ passé à la postérité pour sa vertu et son désintéressement, s'il avait pu revenir à Rome au temps du luxe, de la richesse et des raffinements de l'Empire :

> Dieux ! [...] que sont devenus ces toits de chaume et ces foyers rustiques qu'habitaient jadis la modération et la vertu ? Quelle splendeur funeste a succédé à la simplicité romaine ? Quel est ce langage étranger ? Quelles sont ces mœurs efféminées ? Que signifient ces statues, ces tableaux, ces édifices ? Insensés, qu'avez-vous fait ? Vous les maîtres des nations, vous vous êtes rendus les esclaves des hommes frivoles que vous avez vaincus ? Ce sont des rhéteurs qui vous gouvernent ? C'est pour enrichir des architectes, des peintres, des statuaires et des histrions que vous avez arrosé de votre sang la Grèce et l'Asie ? Les dépouilles de Carthage sont la proie d'un joueur de flûte ? Romains, hâtez-vous de renverser ces amphithéâtres ; brisez ces marbres ; brûlez ces tableaux ; chassez ces esclaves qui vous subjuguent et dont les funestes arts vous corrompent.

A la question biaisée de l'académie de Dijon, Rousseau répond par une salve d'interrogations polémiques. Dans le discours de Fabricius éclate une rage destructrice, dont les accents sont dignes d'un Savonarole républicain : les savants ont fait notre malheur ; les artistes nous ont pervertis. Car, derrière la décadence romaine, c'est bien de son siècle que Rousseau parle. On se passionne pour la culture, les arts, la philosophie ; on cultive le beau langage et les mœurs élégantes. Mais dans cette société artificieuse et fière de ses dérisoires vanités, il n'est plus rien qui soit *naturel*, plus rien qui soit simple et bon. « Depuis que les savants ont commencé à paraître parmi nous, [...] les gens de bien se sont éclipsés. »

Au-delà de la question particulière des sciences et des arts, on voit ici se dessiner la contradiction fondamentale que Rousseau place entre la nature et la culture. Tout progrès dans la culture nous éloigne de la nature, qui est, dès le premier *Discours*, présentée comme la norme originelle et universelle. Dans l'accord avec la nature se trouvent la sagesse, la vertu et le bonheur. Tout ce que nous avons fait pour ajouter quelque chose à la nature, pour la *cultiver*, est une rupture coupable de cet équilibre initial. Par définition, nous sommes naturellement *incultes* ; et nous aurions dû le rester. Si nous avons perdu notre bonheur originel, c'est seulement, affirme Rousseau,

> [...] le châtiment des efforts orgueilleux que nous avons faits pour sortir de l'heureuse ignorance où la sagesse éternelle nous avait placés. [...] Peuples, sachez donc une fois que la nature a voulu vous préserver de la science, comme une mère arrache une arme dangereuse des mains de son enfant ; que tous les secrets qu'elle vous

cache sont autant de maux dont elle vous garantit, et que la peine que vous trouvez à vous instruire n'est pas le moindre de ses bienfaits.

Les hommes sont pervers ; ils seraient pires encore s'ils avaient eu le malheur de naître savants.

Bienheureux, donc, ceux qui n'ont jamais rien appris — ceux qui ne sont jamais allés à l'école !

Dès le premier *Discours*, Rousseau retourne littéralement la perspective moderne, tout en la récupérant. Descartes rêvait d'un homme qui n'aurait jamais été un enfant, qui serait né tout de suite avec la plénitude de sa raison. Rousseau fixe pour modèle, quant à lui, un homme qui reste toujours un enfant, qui ne deviendrait jamais savant ; un homme qui pourrait conserver toute sa vie la plus grande proximité avec son état naturel. Mais, qu'il sache tout par lui-même ou qu'il ne sache rien, l'individu qu'ils dessinent tous deux est celui qui n'a rien reçu de ses parents ou de ses enseignants. Le point commun de ces deux versants de la modernité, et celui qui restera, c'est une condamnation irrémédiable de la transmission.

Rousseau et la société contemporaine

Avant d'analyser la théorie pédagogique que Rousseau construira comme une conséquence de cette intuition initiale, il faut bien mesurer l'influence considérable que sa pensée exerce sur notre époque, si oublieuse de ses maîtres. Pour l'œil exercé, il est facile de discerner l'ombre portée de Jean-Jacques Rousseau dans la succession des images de l'actualité quotidienne. Il suffira d'un simple exemple pour mieux comprendre les conséquences théoriques de l'illumination de Vincennes.

Cinq ans après le premier *Discours*, Rousseau répond à une nouvelle question du même concours et prolonge son premier essai par le *Discours sur l'origine et les fondements de l'inégalité parmi les hommes*. Il tente d'y reconstituer ce que pourrait être une situation de l'humanité antérieure à l'apparition d'une société, un état parfaitement naturel de l'homme. Cette description de « l'homme de l'état de nature » est inspirée par les observations des explorateurs qui, au même moment, sillonnent les espaces encore largement inconnus du continent américain. De ces voyages, beaucoup rapportent des récits exotiques que l'Europe des Lumières étudie avec passion. Rousseau a lu la somme de l'abbé Prévost, l'*Histoire générale des voyages*, qui compile les itinéraires de François Coréal, de Pierre Kolbe et de beaucoup d'autres. Pour notre philosophe, la description des sociétés primitives d'Amérique est une trace de choix sur la piste de l'état de nature. Dans ces tribus, qui vivent sobrement, au contact de la nature, sans tomber dans la recherche artificielle de l'apparat et du superflu, il voit le signe d'un équilibre originel que notre civilisation orgueilleuse a perdu depuis longtemps. Son travail va contribuer, comme celui de Diderot plus tard, à élaborer la figure hautement emblématique du « bon sauvage », encore indemne de la maladie de la culture.

Ce « bon sauvage », l'homme à l'état naturel, ne dispose d'aucune technique ; mais cette pauvreté lui est une grande richesse, en ce qu'elle permet le développement de ses facultés naturelles. « S'il avait eu une échelle, grimperait-il si vite à un arbre ? » On le voit très concrètement, toute acquisition d'un savoir technique est une perte pour la condition humaine, qui s'en trouve paradoxalement fragilisée. C'est aussi une rupture avec la nature : tant qu'il ne cherche pas à la soumettre, l'homme trouve en elle tout ce qui lui est nécessaire pour vivre, aussi bien que les animaux. « La Terre, abandonnée à sa fertilité naturelle et couverte de forêts immenses que la cognée ne mutila jamais, offre à chaque pas des magasins et des retraites aux animaux de toute espèce. » Rousseau prend soin de justifier cette remarque par une longue note : il y affirme que l'agriculture — la première forme anthropologique de la culture — n'augmente pas la somme des biens produits par la nature. Au contraire, « la cognée » vient épuiser les ressources d'un environnement que l'on aliène pour le dominer, quand l'homme aurait pu se satisfaire de vivre en harmonie avec la nature nourricière.

Signe de cette harmonie originelle : l'homme de l'état de nature ne connaît pas la maladie. Toutes nos pathologies, affirme Rousseau, sont le produit des prétendus progrès de notre société. Alcools divers et variés, nourritures compliquées, rythmes de vie déréglés — et nous pourrions aisément compléter : pollutions en tout genre, technologies dangereuses, ondes cancérigènes, énergies anti-écologiques… Notre société prolonge l'analyse de Rousseau, qui considère que tout notre mal vient de la distance que la folie de notre savoir a placée entre nous et l'équilibre naturel. Nous voilà donc sur la piste : sa description ressemble étonnamment à notre conception contemporaine du rapport de l'homme à la nature.

La culture de masse en est un bon témoin. Voici donc un exemple parmi tant d'autres : il s'agit du film qui a remporté, de loin, le plus grand succès de toute l'histoire du cinéma — ce type d'œuvre qui reflète et modèle à la fois l'opinion commune. Pour qui n'a jamais lu la description rousseauiste de l'état de nature, *Avatar* (2009) en offre une version cinématographique en trois dimensions incroyablement fidèle. Il suffit d'effectuer la transposition de l'histoire-fiction de Rousseau à la science-fiction de James Cameron. Le Na'vi, habitant de la planète Pandora, est notre homme de l'état de nature, ou des « premières sociétés du monde ». Il mène une vie simple et paisible, au milieu d'une nature luxuriante et propice, avec laquelle il entretient une harmonie presque fusionnelle. Signe un peu futile de cette communion idéale, le Na'vi possède une natte qu'il peut relier aux objets pour entrer en communication directe avec la nature, qu'il écoute à la fois comme une mère et comme une déesse. La sobriété de son quotidien lui permet de goûter une satisfaction qu'aucune surenchère du désir ne vient troubler. « Je le vois, écrit Rousseau dans le *Discours sur l'inégalité*, se rassasiant sous un chêne, se désaltérant au premier ruisseau, trouvant son lit au pied du même arbre qui lui a fourni son repas, et voilà ses besoins satisfaits. » Ajoutons à cela que le

Na'vi est de belle stature, en bonne santé, et très habile dans l'usage de son corps et des ressources de la nature.

Troublant la paix de cette figure hollywoodienne du bon sauvage, les hommes surgissent bruyamment sur Pandora. Eux figurent, comprenez bien, l'homme que nous connaissons, et celui que Rousseau dénonce : l'homme de l'état social. Ce qui frappe d'abord chez lui, c'est l'étendue de sa technologie. La science et la technique sont omniprésentes dans son univers, et l'*hybris* de son savoir saute aux yeux dans le foisonnement des gadgets et des machines dont il est sans cesse entouré. Mais cette science n'a d'égale que sa bêtise et sa méchanceté ; attiré par l'appât du gain, l'homme est prêt à détruire toutes les merveilles de Pandora, à écraser la nature, pour quelques ressources dont les Na'vi ne comprennent même pas l'enjeu. Rousseau éclaire ainsi le script de Cameron :

> La société naissante fit place au plus horrible état de guerre : le genre humain avili et désolé, ne pouvant plus retourner sur ses pas ni renoncer aux acquisitions malheureuses qu'il avait faites et ne travaillant qu'à sa honte, par l'abus des facultés qui l'honorent, se mit lui-même à la veille de sa ruine.

Enfermé dans la spirale du « toujours plus », l'homme de l'état social ne se satisfait de rien et, pour continuer à consommer, est prêt à tout détruire, à commencer par sa nature. Ainsi devient-il l'auteur de sa propre ruine. C'est ce que comprendra le héros d'*Avatar*, le soldat américain Jake Sully : infiltré dans le peuple Na'vi pour le compte de l'armée des capitalistes destructeurs, il comprend peu à peu que les « sauvages » qu'il combat sont plus sages et plus heureux que les hommes qui se disent civilisés et finit par se retourner contre son camp.

Jake Sully est, comme nous tous, un rousseauiste qui s'ignore. Sa nouvelle conception du monde est née sur le chemin de Vincennes ; elle se trouve parfaitement explicitée sous la plume de Rousseau. C'est dans les deux *Discours* que la classe politique et les médias de notre XXIe siècle semblent avoir puisé leurs « éléments de langage ». Dans notre conscience collective est profondément imprimée cette idée que l'homme du savoir, de la culture, est l'ennemi de la nature, qui constitue seule la clé d'un équilibre spontané, d'une harmonie essentielle et immédiate. Cet équilibre, cette harmonie, nous les avons rompus par les maléfices de notre technologie artificieuse. Oubliant le modèle de sobriété que nous donnent l'animal et le végétal, nous sommes devenus des vivants contre-nature dans la société de consommation, prêts à risquer l'extinction de toute vie pour satisfaire un désir d'avoir et de pouvoir perpétuellement frustré. Le seul responsable de notre malheur, c'est nous-mêmes, c'est notre culture, dont il faudrait nous dépouiller pour retrouver, enfin, le sens de la nature.

Tout cela, ne l'entendons-nous pas chaque jour ? Les nouveaux impératifs du développement durable ne sont certainement pas dénués de fondement ; mais, de la vision du monde qui inspire un certain discours écologique, il faut savoir reconnaître les origines et les conséquences. L'une de ces origines est assurément la pensée de Rousseau, qui a contribué plus que quiconque à forger cette vision irénique de la nature et à l'ériger en principe ultime de la sagesse. Et l'une des premières conséquences de cette conception, c'est le refus de la transmission.

« O l'aimable ignorance ! »

Après les deux *Discours* qui lui ont permis de développer cette critique de la culture, il était logique que Rousseau se penche sur la question de l'éducation. C'est ce qu'il fera donc quelques années plus tard, en écrivant *Emile ou De l'éducation*, un long traité qui suscitera le scandale — il sera banni en France et en Suisse, et brûlé en place publique — avant de connaître un succès immense et durable. Aucune œuvre n'a autant inspiré nos théories et nos pratiques éducatives que l'*Emile*. Dans ce long texte, Rousseau s'imagine dans la situation d'un précepteur ; il crée le personnage d'un élève imaginaire, Emile, qu'il va accompagner depuis sa naissance jusqu'à ce que, devenu père d'un premier enfant, cet élève soit dans la situation de devenir à son tour éducateur.

Lire l'*Emile* aujourd'hui, c'est faire une expérience assez fascinante, proche de celle que l'on pourrait faire en lisant une prophétie qui, écrite avec deux siècles d'avance, se serait réalisée point par point. Dans les deux premiers *Discours*, nous entendons résonner des accents qui sont devenus familiers à la société de l'écologie et du retour à la nature. Mais dans les lignes de l'*Emile,* nous lisons plus que cela : c'est un véritable programme, un projet pédagogique, qui s'est réalisé avec toute l'exactitude que permet un système aussi structuré que l'Education nationale. En lisant ce traité, on réalise que ce qui est souvent considéré comme un échec de l'éducation contemporaine est en réalité un succès, la réussite complète d'une théorie parfaitement explicite — celle du refus absolu de la transmission des connaissances. Il est donc particulièrement important de relire aujourd'hui ce texte avec la distance critique qui laissera sans doute apparaître, en creux, la possibilité d'une nouvelle fondation.

Abandonnons tout de suite, cependant, un procès déloyal que l'on intente souvent à l'auteur de l'*Emile* : Voltaire, le premier, reprocha à Rousseau de se poser en pédagogue après avoir placé aux Enfants-Trouvés ses propres enfants, nés de son union avec Thérèse Levasseur. Il est évident que cette contradiction est révoltante. Mais c'est une nécessité logique qui poussait Rousseau, dans sa dénonciation de l'influence de la société, à poser la question de l'éducation. Et, de la même façon, l'éthique de la discussion philosophique, autant que l'efficacité de l'argumentation, veulent que l'on examine un raisonnement sur le terrain de la raison. Si le plus grand criminel du monde publiait un traité de morale parfaitement juste, ses crimes ne rendraient pas fausse sa réflexion. Ni le passé d'un homme ni son passif ne peuvent efficacement invalider sa pensée. Essayons donc de comprendre la théorie éducative de celui qui, pour avoir été un mauvais père, n'en est pas moins devenu le plus influent des pédagogues.

Toute la pensée de l'*Emile* se comprend à la lumière de l'intuition fondatrice du rousseauisme. L'enfant qui naît est encore « à l'état de nature » ; par conséquent, tout le travail de l'éducateur sera de faire en sorte qu'il apprenne ce qui sera nécessaire à sa vie future, et même à sa vie en société — puisque le passage de l'humanité à l'état social est irréversible —, en s'éloignant le moins possible de cette pureté naturelle. Or, cette pureté naturelle, c'est l'ignorance, l'« heureuse ignorance » dont parlait déjà le premier *Discours*.

> Naturellement l'homme ne pense guère. Penser est un art qu'il apprend comme tous les autres, et même plus difficilement.

L'ignorance est naturelle à l'homme, la pensée va contre sa nature. C'est même une forme de perversion, affirmait le second *Discours* : « L'état de réflexion est un état contre nature, et l'homme qui médite est un animal dépravé. » Si l'ignorance est une forme de pureté, c'est parce qu'elle est, pour Rousseau, un gage d'innocence ; c'est là le point de départ de l'*Emile*.

> Les gens qui passent exactement la vie entière à travailler pour vivre n'ont d'autre idée que celle de leur travail ou de leur intérêt, et tout leur esprit semble être au bout de leurs bras. Cette ignorance ne nuit ni à la probité ni aux mœurs ; souvent même elle y sert ; souvent

on compose avec ses devoirs à force d'y réfléchir, et l'on finit par mettre un jargon à la place des choses. La conscience est le plus éclairé des philosophes : on n'a pas besoin de savoir les *Offices* de Cicéron pour être homme de bien ; et la femme du monde la plus honnête sait peut-être le moins ce que c'est qu'honnêteté.

Le « jargon », le langage, dont nous verrons combien Rousseau se méfie, pollue tout ce que l'ignorance aurait pu garder vierge. Si nous pouvions ne rien apprendre aux enfants, ils garderaient l'innocence que nous leur envions ; c'est ce que nous leur transmettons qui crée les pièges dans lesquels ils tomberont. « Nous pouvons être hommes sans être savants » ; et même, moins nous serons savants, plus nous aurons la chance de rester des hommes, dans la pureté originelle de notre nature. Le savoir est donc un danger : produit de la culture, il nous éloigne de notre ignorance naturelle. « Si ton fils sait beaucoup de choses, avertit Rousseau, défie-toi de tout ce qu'il sait. » Aussi le précepteur imaginaire d'Emile choisit-il de l'emmener vivre à la campagne, dans la nature, pour le préserver le plus longtemps possible du savoir et même de la curiosité qu'il pourrait recevoir de ses semblables.

Notons d'ailleurs que le premier acte de l'éducation, dans ce texte qui inspira la construction du système éducatif pendant la Révolution, consiste à retirer ainsi l'enfant à ses parents. Rousseau affirme que le précepteur doit être désigné « avant la naissance » de l'enfant, pour le prendre tout de suite sous sa coupe. En l'occurrence, pour nous simplifier l'histoire, il fait d'Emile un orphelin ; mais, au fond, « il n'importe qu'il ait son père et sa mère ». Pour l'éducateur, les parents sont des absents dont la présence pourrait être nuisible. « Il doit honorer ses parents, mais il ne doit obéir qu'à moi. C'est ma première ou plutôt ma seule condition. » Voilà qui éclaire par exemple d'un jour singulier la volonté affichée par un ancien ministre de l'Education nationale de libérer au plus tôt les enfants de leurs parents pour les « arracher à tous les déterminismes, familial, ethnique, social, intellectuel ». L'autorité parentale était ainsi explicitement décrite comme une prison dont il est urgent d'affranchir l'enfant.

Le précepteur lui-même conçoit son rôle comme un mal nécessaire. L'éducateur est une menace pour Emile, dans la mesure où il a lui-même subi cette pollution de la société. Pour cette raison, Rousseau prend le contre-pied du sens commun lorsqu'il dessine l'idéal du précepteur : il faut autant que possible que celui-ci soit jeune, car ainsi il sera plus proche de la sagesse naturelle. Dans un monde idéal, il faudrait même, pour être certain qu'il ne nuise pas à l'enfant, qu'il soit comme lui : « Je voudrais qu'il fût lui-même un enfant, s'il était possible, qu'il pût devenir le compagnon de son élève, et s'attirer sa confiance en partageant ses amusements. » C'est dire que le rôle spécifique de l'éducateur se voit annulé : la figure du « pair » remplace celle du « père ».

La première parole de Rousseau sur l'éducateur est donc pour condamner, en creux, les adultes ; et son premier mot à leur intention est un avertissement sévère. Ils vont bientôt toucher à la nature de l'homme encore intacte dans leur élève, et il faut que leur intervention soit la plus faible possible. Ainsi est fondé le principe de ce que l'on appellera « l'éducation négative » : puisque l'ignorance est innocente, et la culture dangereuse, l'éducateur doit d'abord mesurer tout ce qu'il ne doit pas enseigner à l'enfant, plutôt que ce qu'il convient de lui apprendre. Pour servir ce choix, il peut s'appuyer sur un double critère, qui permet d'évacuer deux types de savoirs : « Des connaissances qui sont à notre portée, les unes sont fausses, les autres sont inutiles. » Plutôt que d'entreprendre d'encombrer l'esprit de l'enfant d'une culture qu'il n'aura de toute façon jamais fini d'absorber, il ne faut lui faire découvrir que ce qui est strictement nécessaire : c'est là le premier critère. Parmi tous les savoirs qu'a produits l'histoire humaine, en effet, la plupart ne servent à rien, si ce n'est à flatter l'orgueil de celui qui sait — ou qui croit savoir. Voilà introduit le second critère : celui de la certitude. Car, bien souvent, les connaissances humaines sont incertaines : les faire siennes, c'est donc s'exposer au risque de l'erreur. Or, affirme Rousseau, si nous n'avions rien appris, « nous ne serions jamais dans le cas de nous tromper ». Et puisqu'il vaut mieux ne pas se tromper, rappelons-nous que « le seul moyen d'éviter l'erreur est l'ignorance ».

C'est ici que le point d'accord entre Descartes et Rousseau trouve sa concrétisation : pour ces deux figures antagonistes de la modernité, il est clair qu'il vaut mieux ne rien savoir que d'accepter un savoir qui ne soit pas absolument certain. Or, ce qui est incertain, c'est l'opinion que l'on a reçue, le savoir qui nous a été transmis. Son précepteur rendra donc un immense service à Emile, en ne lui transmettant jamais aucune connaissance, mais en le laissant construire par lui-même tout son savoir, dût-il renoncer pour cela à ce qu'il sache beaucoup de choses. Mieux vaut la pureté de l'ignorance que l'aliénation de la transmission. Voilà pourquoi Rousseau, au lieu de l'encourager, avertit l'éducateur : « O toi qui vas conduire un enfant dans ces périlleux sentiers et tirer devant ses yeux le rideau sacré de la nature, tremble ! [...] Souviens-toi, souviens-toi sans cesse que l'ignorance n'a jamais fait de mal, que l'erreur seule est funeste, et qu'on ne s'égare point par ce qu'on ne sait pas, mais par ce qu'on croit savoir. »

Après un tel avertissement, comment penser l'acte éducatif ? S'il doit éviter à tout prix de transmettre un savoir qui serait perturbation de l'innocente ignorance de la nature, quelle peut être la fonction de l'éducateur ? Rousseau ne nie pas que, dans l'état social, le rôle du précepteur soit indispensable ; mais obligé d'incarner ce mal nécessaire, ou tout du moins de courir ce danger que la faiblesse de l'enfance rend inévitable, il devra s'interdire à tout prix la faute qui consisterait à enseigner à l'élève un savoir dont ce dernier ne serait pas l'auteur et le maître.

« La souveraineté de l'immédiat »

L'enseignant ne doit donc surtout pas transmettre un savoir, il doit se faire l'organisateur des situations dans lesquelles l'élève construira son propre savoir. Cet impératif garantit que l'enfant n'apprendra que ce qui lui est utile : en effet, c'est lui qui donnera son rythme à la relation pédagogique. « Laissez venir l'enfant », conseille Rousseau ; il faut s'abstenir soigneusement de faire naître artificiellement une curiosité qui ne serait pas spontanée et immédiate. Ainsi évitera-t-on de le surcharger de connaissances inutiles : le savoir ne viendra jamais que pour répondre à une question suscitée par une nécessité du quotidien.

C'est là aussi la règle d'une éducation démocratique, du moins en apparence. Pour Rousseau, il s'agit de ne jamais rien imposer à Emile : « Qu'il croie toujours être le maître. » Bien sûr, il y a là une part de mensonge, qui dissimule le caractère machiavélique du pédagogue : l'enfant n'est pas réellement le maître. Sans le lui dire, le précepteur ne cesse d'organiser pour son élève des situations fictives, en faisant jouer des rôles aux personnages qu'il rencontre, en dissimulant certaines réalités pour en mettre d'autres en évidence, en biaisant les résultats de telle ou telle expérience, pour que chaque fois puissent en être tirées des conclusions toutes préparées. L'égalité du maître et de l'élève est une illusion dont l'enfant est dupe ; mais il faut qu'il en soit dupe pour que soit « préparé de loin le règne de sa liberté ».

Car ainsi, en croyant « être le maître », l'élève apprend à ne pas être un sujet. L'enjeu est bien sûr politique : l'*Emile* est publié la même année que *Le Contrat social*. La pédagogie prépare ce que la démocratie accomplira, l'édification d'un citoyen libre à l'intérieur d'une société ordonnée par des lois. Pour y parvenir, il faut que dès l'enfance le citoyen en devenir soit accoutumé à ne pas se laisser soumettre, à écarter tous les jougs, y compris celui du savoir — à refuser d'être *subjugué*. Rousseau dénonce de façon radicale la conception traditionnelle de la relation pédagogique, celle qui donne à un adulte, au nom du savoir qu'il détient, l'autorité sur un enfant. Pour le défenseur du contrat social, la transformation démocratique impose, comme préalable et comme conséquence, un dépassement de cette relation.

L'*Emile* propose donc à l'éducateur une nouvelle définition du rapport à l'enfant, qui exclut l'acte d'autorité : « L'enfant ne doit rien faire malgré lui. » Du coup, les interdits s'inversent dans la relation éducative : ils pèsent désormais sur l'adulte, qui se voit fixer des règles strictes dans son rapport à l'enfant. « Ne lui commandez jamais rien, quoi que ce soit au monde, absolument rien. Ne lui laissez pas même imaginer que vous prétendiez avoir aucune autorité sur lui. » Pour Rousseau, ces interdits n'excluent pas l'influence dissimulée de l'adulte ; mais elle doit demeurer cachée, pour que les enfants ne soient pas enfermés dans un assujettissement définitif. Même si elle n'exclut pas un rapport de force latent, cette disqualification de l'autorité doit être efficace : « Faites-en vos égaux pour qu'ils le deviennent. »

Cette nouvelle relation a une première conséquence : elle empêche l'éducateur de prévenir l'enfant des risques qu'il peut courir, et de lui éviter des erreurs qu'il ne manquera pas de ce fait de commettre. Mais cela n'effraie pas Rousseau, au contraire : mieux vaut tomber en s'étant risqué sur des chemins dangereux que d'être trop guidé et de ne pouvoir apprendre par soi-même. « Le bien-être de la liberté rachète beaucoup de blessures. » Aussi faut-il laisser l'enfant faire lui-même sa propre expérience, cela dût-il lui laisser quelques cicatrices.

Cette relation a surtout une seconde conséquence, du point de vue de la connaissance : pour se mettre au même niveau que l'enfant, l'éducateur doit absolument éviter de se montrer plus savant que lui. S'il détient le moindre savoir que l'enfant ne possède pas, c'en est fini du sentiment de leur égalité. Aussi l'enseignant n'est-il pas là pour transmettre un savoir. Il n'organise pas d'apprentissage — « c'est à l'enfant de désirer ce qu'il doit apprendre ». Et quand, dans l'une de ces situations de la vie qui font naître des questions, l'élève dit : « Je ne sais pas », le précepteur lui répond : « Je ne sais pas non plus, cherchons ensemble. » Emile se rend compte, par exemple, au cours d'une promenade au bord d'une rivière, qu'un bâton tout droit apparaît pourtant courbé lorsqu'on le plonge dans l'eau. L'enseignant doit-il lui expliquer qu'il s'agit d'une illusion d'optique et lui parler des lois de la réfraction ? Surtout pas : il faut tenter, nous dit Rousseau, de les retrouver avec lui. « Emile ne saura jamais la dioptrique, ou je veux qu'il l'apprenne autour de ce bâton. »

Evidemment, cela risque de prendre du temps ; et, parvenu à l'âge adulte, Emile ne saura sans doute que très peu de choses. Par cette méthode, en utilisant le truchement de l'expérience, le précepteur lui montre l'immense étendue des chemins de la connaissance qui s'ouvrent devant lui ; et pourtant, reconnaît Rousseau, « je ne lui permets jamais d'aller loin ». Mais en quoi cela pose-t-il problème ? Au moins l'enfant n'aura-t-il acquis que des savoirs utiles, puisqu'ils seront venus répondre à ses propres besoins ; et surtout, il sera l'auteur de toutes ses connaissances. Rien ne lui aura été transmis de l'extérieur qui serait venu perturber sa nature, ou le rendre redevable à qui que ce soit. « Emile a peu de connaissances, mais celles qu'il a sont véritablement siennes. » Il est libre, libre de tout ce fatras de savoirs inutiles dont l'esprit des « doctes élèves » de l'école est toujours encombré, libre de toute dette à l'égard de ses prédécesseurs.

La pédagogie de Rousseau est fascinante dans la radicalité avec laquelle elle assume ce refus de la transmission, c'est-à-dire, tout simplement, de la culture. Ce qui se manifeste par exemple dans la méfiance qu'il entretient vis-à-vis de cette forme primordiale de la culture qu'est la langue : quel malheur, se lamente Rousseau, que nous soyons si pressés d'apprendre aux enfants à parler ! Les voilà aliénés, contraints, en utilisant nos mots, de plier leur propre expérience du monde à la nôtre, de l'assimiler à ces termes qui leur viennent pourtant d'ailleurs. Voilà surtout leur esprit éveillé à d'innombrables questions qu'ils ne se seraient jamais posées seuls. Les mots sont nécessaires pour communiquer : en cela, ils sont le signe de cette société qui pervertit la nature de l'homme. Il faut donc préserver autant que possible l'enfant de l'influence de cette société, en l'emmenant à l'écart, dans la nature, pour y trouver un cadre favorable à sa croissance ; et il faut le préserver des mots, qui sont une forme d'influence à distance que la société exerce sur nos esprits.

« Resserrez donc le plus qu'il est possible le vocabulaire de l'enfant. C'est un très grand inconvénient qu'il ait plus de mots que d'idées, et qu'il sache dire plus de choses qu'il n'en peut penser. »

L'éducation ne devra donc pas passer par le langage, ou le moins possible, mais par l'expérience. « Je n'aime point les explications en discours, affirme Rousseau ; les jeunes gens y font peu d'attention et ne les retiennent guère. Les choses ! les choses ! Je ne répéterai jamais assez que nous donnons trop de pouvoir aux mots. » Derrière cette « instruction par les choses », il y a la volonté d'effacer de l'éducation toute dimension intersubjective, toute médiation humaine, en tant qu'elles sont déjà des figures de cette société qui pervertira l'enfant. Ce que projette Rousseau, c'est une éducation sans médiation, une relation immédiate entre l'enfant et « les choses », qui ne passe pas par ce tiers qu'est l'éducateur. Le bon précepteur, finalement, est celui qui « ne fait rien » et qui fait tout ce qu'il doit justement en ne faisant rien. Il permet ainsi que soit pleinement réalisée cette immédiateté concrète de l'apprentissage : « [Emile] prend ses leçons de la nature et non pas des hommes. »

Ces « leçons » ne passent pas par le mot, mais par la chose ; elles n'instruisent pas l'enfant par l'intelligence, mais par l'expérience. Elles sont donc tout entières à la mesure de l'enfant : il ne s'agit pas de le faire sortir de sa condition initiale, de l'éduquer au sens étymologique du terme (*ex-ducere* : « faire sortir de », « conduire au dehors »). Au contraire, l'enfant ne retient que ce qui vient à sa perception, ce qui passe à sa portée.

Le refus de la contrainte, que professait Rousseau, est cohérent avec cette volonté de construire un apprentissage qui prenne pour mesure l'enfant, et qui, au lieu d'élargir par l'effort son champ de vision primitif, rapporte à sa hauteur tout ce qui pourrait l'intéresser. « Ne montrez jamais rien à l'enfant qu'il ne puisse voir. Tandis que l'humanité lui est presque étrangère, ne pouvant l'élever à l'état d'homme, rabaissez pour lui l'homme à l'état d'enfant. » Ainsi se trouve écartée la médiation comme ce temps, ce travail indispensables pour faire comprendre à l'enfant ce qui excédait la mesure primitive de sa compréhension. Il ne faut pas « faire grandir » l'enfant, mais au contraire le maintenir en enfance, le faire demeurer dans son état naturel, immédiat. « Exercez son corps, ses organes, ses sens, ses forces, mais tenez son âme oisive aussi longtemps qu'il se pourra. » La vraie mesure de l'éducation, ce n'est pas l'adulte, le résultat de la médiation ; c'est l'enfant, la situation de l'immédiateté. Voilà ce qui inspire tout le projet pédagogique de Rousseau, que Jean Starobinski définit par cette simple expression : « restaurer la souveraineté de l'immédiat ».

« Je hais les livres »

La critique de la transmission se fixe toujours sur un symbole : le livre. Figure même d'un savoir figé, comme contenu offert à notre réception passive, le livre est l'objet qui incarne et signifie la médiation asymétrique qu'il accomplit. Chez Descartes, il portait le poids désespérant des incertitudes de la tradition. Avec Rousseau, la critique du livre prend un tour plus radical encore. Puisqu'il importe, nous l'avons dit, de préserver Emile de l'influence de la société, il faudra le protéger du livre, qui en représente la menace accomplie.

D'abord, le livre est parfaitement inutile. Imaginons, suppose Rousseau, un philosophe abandonné sur une île déserte, avec des outils et des livres ; il est probable qu'il ne touchera pas un seul ouvrage. En revanche, il se préoccupera de survivre, et pour cela il commencera par explorer son environnement... Comme lui, « bornons-nous aux connaissances que l'instinct nous porte à chercher ». L'intérêt pour le livre n'est pas naturel ; il doit donc être écarté comme un artifice superficiel, signe de cette société qui nous éloigne de l'essentiel. Car le livre nous détourne du réel : donner un livre à un enfant, c'est l'enfermer dans une fiction, au lieu de le laisser explorer la nature. « L'enfant qui lit ne pense pas, il ne fait que lire ; il ne s'instruit pas, il apprend des mots. » Pour Rousseau, qui veut « des choses », et non des mots, le choix est donc vite fait : « Point d'autre livre que le monde, point d'autre instruction que les faits. » « Qu'il apprenne en détail, non dans des livres, mais sur les choses. »

Car, en réalité, on n'apprend rien dans les livres : ils nous éloignent de l'expérience directement vécue et nous font entrer dans l'abstraction d'un discours délié du réel. « Appesantis sur des livres dès notre enfance, accoutumés à lire sans penser, [...] nous sommes hors de la nature. » A cette nature authentique, il faut donc ramener l'élève immédiatement, par l'expérience sensible, physique : « Au lieu de coller un enfant sur des livres, si je l'occupe dans un atelier, ses mains travaillent au profit de son esprit. » C'est en effet, pour Rousseau, de l'expérience, et d'elle seule, que peuvent naître nos idées ; des mots et des livres ne sortent jamais que la confusion du réel et du virtuel. Par la langue, par le livre, nous sommes seulement capables de parler sans rien connaître. D'où ce violent anathème porté par Rousseau : « Je hais les livres ; ils n'apprennent qu'à parler de ce qu'on ne sait pas. » La culture livresque produit un monde artificiel où tout est faux — comme au théâtre. C'est donc le monde du mensonge dont il faut éloigner Emile : « Je ne veux qu'il soit ni musicien, ni comédien, ni faiseur de livres. »

On évitera ainsi à l'enfant le péril de la lecture, le risque de se laisser emprisonner par la séduction des « faiseurs de livres ». Car au fond, c'est notre liberté que la lecture met en péril : elle manifeste parfaitement l'aliénation que produit la médiation. L'autorité, ce terme que Rousseau veut évacuer, n'est-elle pas au sens littéral l'attribut propre de l'*auteur* ? Le livre fait autorité ; et en ce sens il fait effraction dans notre liberté, pour charger notre esprit de tous les préjugés qu'il contient, et que l'enfant ne peut qu'admettre sans discuter. Le livre ne nous apprend pas à réfléchir, mais à adopter la réflexion d'autrui.

Le comble de cette dénonciation est d'ailleurs atteint lorsque Rousseau s'en prend à la médiation dans sa forme la plus radicale, c'est-à-dire à la religion révélée. Dans le texte de l'*Emile,* la célèbre Profession de foi du vicaire savoyard est une charge réglée contre l'idée même qu'un livre, en l'occurrence la Bible, puisse contenir un savoir susceptible de faire autorité. Qui pourra en effet nous garantir qu'un livre contient une vérité ? Tout ce qui s'y trouve raconté n'est jamais confirmé que... par d'autres livres. « Toujours des livres ! Quelle manie ! » Aucun de ces ouvrages ne saurait donc par lui-même emporter notre adhésion. Aucun d'entre eux ne peut prétendre être nécessaire. De toute façon, « tous les livres n'ont-ils pas été écrits par des hommes ? Comment donc l'homme en aurait-il besoin pour connaître ses devoirs ? ». La culture n'est pas nécessaire pour accomplir notre nature — pire, elle la pollue, en nous aliénant à un monde d'artificialité où nos devoirs humains sont remplacés par des règles arbitraires. Le précepteur lui-même en tire la conclusion qui s'impose : « J'ai refermé tous les livres. »

Voilà donc Emile affranchi de la culture, libéré du même coup du pensum de la lecture. C'est de cette libération que Rousseau est le plus fier : j'ai délivré les enfants de leurs devoirs, écrit-il, et surtout « des instruments de leur plus grande misère, à savoir les livres. La lecture est le fléau de l'enfance ». Lorsqu'un élève a dix ans, Jean-Jacques Rousseau se révolte contre l'idée qu'on puisse le faire lire : « Des livres ! Quel triste ameublement pour son âge ! » A douze ans, au plus tôt, on permettra à Emile de toucher un ouvrage en particulier — mais un seul. Ce livre pourra servir de support à toutes les conversations avec le précepteur : il contient en effet tout ce qu'il est utile de savoir ; il sera lu avec profit pendant des années et, si le goût d'Emile n'est pas altéré, il lui plaira toujours. « Quel est donc ce merveilleux livre ? Est-ce Aristote ? Est-ce Pline ? Est-ce Buffon ? Non ; c'est *Robinson Crusoé.* » Rousseau provoque, évidemment, en donnant au roman de Defoe l'importance qu'il refuse aux plus grands auteurs de l'Antiquité et de l'âge classique. Mais la provocation est pourtant très sérieuse : elle finit de disqualifier avec condescendance ce fatras d'ouvrages dont l'éducation était jusque-là dépendante et promeut un modèle dont Rousseau veut qu'il soit le critère qui permettra de juger de tout : celui de l'individu solitaire, perdu sur son île déserte, et qui ne s'intéresse à rien de ce qui ne lui est pas directement utile. « Je veux que la tête lui en tourne, [...] qu'il pense être Robinson lui-même... »

La solitude d'Emile

Sans doute, dans ce retour rapide, la pédagogie rousseauiste ne manque-t-elle pas de nous étonner. Ses impératifs nous paraissent peut-être étranges, et ses radicalités choquantes. Et pourtant, il est indéniable que l'on peut, dans l'*Emile,* lire ce qui constitue la charte de l'éducation contemporaine, et ce qui structure, jusque dans ses détails, notre vision partagée de la pédagogie. Au nombre de nos lieux communs, on pourrait citer celui qui consiste à présenter la médiation comme une aliénation ; combien de fois ai-je entendu, comme professeur de philosophie, cette opposition récurrente entre « étudier des auteurs » et « penser par soi-même » ! Voilà qui ressemble à du Rousseau dans le texte — mais présenté sous une formulation qui nous paraît désormais parfaitement évidente.

Autre banalité que ce désir généreux de « laisser l'enfant être lui-même », et pour cela de porter le soupçon sur la famille, qui, en transmettant une culture, véhicule des interdits, des préjugés, des partis pris susceptibles d'enfermer un enfant ou d'altérer sa liberté. Que dire de notre conception de l'autorité, dont l'acte même est devenu impensable ! Il est jusqu'à notre discours sur le livre où l'on retrouve, bien souvent, un écho évident de la condamnation rousseauiste. Le plus souvent, la seule différence entre Rousseau et nous ne tient pas à notre pensée profonde, mais au fait que, contrairement à lui, nous n'osons pas l'assumer jusqu'au bout.

Dans les faits, cette inspiration a largement affecté nos pratiques pédagogiques elles-mêmes. Mon propos n'est pas ici de revenir sur l'histoire empirique des méthodes d'éducation. Il serait intéressant de retracer les différents moments de la réception de l'œuvre de Rousseau, et son influence sur les pratiques d'enseignement. Il faudrait rappeler les expériences de certains pédagogues, qui poussèrent l'audace jusqu'à tenter une application littérale des conseils de l'*Emile*. Ainsi de Georges Lapassade, ce professeur qui entrait en classe et ne disait rien, pour « laisser venir » les élèves et construire le cours au rythme qu'ils voudraient lui donner. Ainsi également de Carl Rogers, psychologue américain sur qui l'influence de Rousseau, pour être indirecte, ne fut pas moins évidente. Dans *Liberté pour apprendre*, Rogers entreprit d'élaborer concrètement les bases d'une « éducation non directive », tout entière laissée à l'expérience et à l'initiative de l'apprenti. Pour le psychologue, la transmission n'a pas de sens dans une société en permanente évolution ; le but du pédagogue n'est donc plus d'enseigner, mais de « faciliter l'apprentissage ».

Mais il n'est pas besoin d'aller aussi loin pour voir les intuitions rousseauistes inspirer, en tous points, la pédagogie contemporaine. On le voit par exemple dans la promotion d'un apprentissage moins réceptif : « mettez toutes les leçons des jeunes gens en action plutôt qu'en discours ». Exposés, ateliers, travaux personnels encadrés, classes inversées sont autant de moyens promus pour permettre qu'un savoir soit acquis par l'action de l'élève, non par l'écoute de l'enseignant. A l'opposé, le « cours magistral » recueille une condamnation quasi unanime... Dès les petites classes, le débat sur les méthodes de lecture fait écho à la préoccupation rousseauiste : la méthode globale voulait proposer une façon d'apprendre l'écrit qui ne procède pas par inculcation, mais par compréhension. Imposer une langue, avec sa discipline, l'effort mécanique d'un b.a-ba, n'est-ce pas là une forme de violence ?

La culture elle-même se trouve implicitement mise en accusation, comme le lieu d'un enfermement de la liberté des enfants : de ce point de vue, la dénonciation des « stéréotypes », nouveau cheval de bataille pédagogique, est un symptôme intéressant. Lorsque l'on affirme que l'école, au lieu de transmettre une culture, doit déconstruire les repères qui se trouvent véhiculés par l'histoire, la littérature, ou la langue elle-même, on ne fait qu'exprimer cette inquiétude au fond profondément rousseauiste : ce que nous transmettons n'est-il pas facteur d'aliénation ?

Mais s'il ne fallait garder qu'un exemple, je choisirais le plus éloquent, et le plus paradoxal en même temps : c'est la fascination que l'Education nationale éprouve aujourd'hui pour le numérique, devenu la grande utopie pédagogique. Le développement des nouvelles technologies laisse entrevoir en effet la possibilité d'un accomplissement inouï de la promesse de Rousseau, celle d'une enfance enfin débarrassée de toute transmission. Puisque désormais tout le savoir est accessible sur Internet, il n'est plus nécessaire d'imposer à nos successeurs la peine d'apprendre. A quoi bon fatiguer les élèves dans l'effort stérile de la mémorisation, du laborieux « par cœur » ? La disponibilité constante de la connaissance universelle, progressivement mise en ligne, nous permettra d'accéder à chaque instant aux données qui nous seront utiles. Nous voilà relevés de l'obligation d'apprendre tant d'informations superflues. Désormais, nous mobiliserons le savoir à la mesure immédiate de notre besoin, et sans passer par un tiers. Voilà la double immédiateté qui abolit définitivement, dans cette utopie nouvelle, la nécessité de la médiation, achevant ainsi la critique de l'*Emile*.

C'est un accomplissement paradoxal, puisque c'est la technologie qui sert le projet de Rousseau, pourtant grand détracteur de la technique ; mais c'est un accomplissement malgré tout. L'Education nationale le perçoit ainsi : indépendamment des sensibilités politiques, ministres, élus et cadres administratifs partagent une belle unanimité lorsqu'il s'agit de vanter les mérites de l'« école connectée » et de ses équipements innovants : classes informatiques, tableaux numériques, tablettes tactiles... De ce point de vue, l'institution n'est pas elle non plus à un paradoxe près : si méfiante d'ordinaire envers le monde de l'entreprise, elle se met sans complexes au service des géants de l'industrie numérique et endosse avec enthousiasme la fonction commerciale auprès de toutes les collectivités chargées d'investir. Rousseau sourirait d'entendre des inspecteurs généraux expliquer doctement que, grâce au numérique, il n'est plus nécessaire de faire apprendre à l'élève des chronologies, des tables ou des poèmes, mais qu'il suffit de lui apprendre à chercher pour qu'il puisse trouver par lui-même, le jour venu, l'information qui lui sera nécessaire.

L'utilité demeurera le critère de notre seul rapport au savoir, si tant est qu'on puisse encore parler de savoir dès lors que la mémoire n'est plus en jeu. C'est exactement ce que laissait entrevoir l'*Emile* : Robinson, sur son île, ne s'intéresse qu'à ce qui lui est profitable. Nous voilà tout près de le rejoindre dans son calcul solitaire. Au fond, il semble que nous ne sommes collectivement plus du tout persuadés que l'école ait pour mission de transmettre à tous une forme de culture générale gratuite, indépendante de toute « rentabilité » ou de toute visée strictement professionnelle. Mais alors, quand nous nous plaignons que « le niveau baisse », ne sommes-nous pas en train de déplorer les conséquences d'une conception de l'éducation que nous partageons pourtant largement ? Il faudrait, dans ces moments-là, se souvenir de la claire conscience de Rousseau, disant de son élève : « Je lui apprends bien plus à [...] ignorer qu'à [...] savoir. »

Car enfin, si l'on ne voit pas assez cette proximité dans l'inspiration qui structure aujourd'hui notre système éducatif, il faut au moins la considérer dans ses conséquences. Rousseau consacre ses plus belles pages, et les plus audacieuses, à un portrait de son élève. Il le décrit comme « un sauvage fait pour habiter les villes ». Peut-être faut-il lire, dans ce portrait, les conséquences inassumées de notre conception de l'éducation.

> Emile n'a que des connaissances naturelles et purement physiques. Il ne sait pas même le nom de l'histoire, ni ce que c'est que métaphysique et morale. Il connaît les rapports essentiels de l'homme aux choses, mais nul des rapports moraux de l'homme à l'homme. Il sait peu généraliser d'idées, peu faire d'abstractions. Il voit des qualités communes à certains corps sans raisonner sur ces qualités en elles-mêmes. [...] Il ne cherche point à connaître les choses par leur nature, mais seulement par les relations qui l'intéressent. Il n'estime ce qui lui est étranger que par rapport à lui. [...] Il se considère sans égard aux autres, et trouve bon que les autres ne pensent point à lui. Il n'exige rien de personne, et ne croit rien devoir à personne. Il est seul dans la société humaine ; il ne compte que sur lui seul.

Bourdieu : la transmission, faute contre la justice

La culture comme capital

Il semble que Bourdieu n'ait jamais eu beaucoup d'admiration pour Rousseau ; le point auquel parvient le pédagogue de l'*Emile* est pourtant celui dont il part, pour construire ce qui sera le troisième volet dans la dénonciation de la transmission. Il s'agit bien en effet d'une dénonciation : étant désormais entendu que la médiation de l'adulte n'est, pour l'enfant, que perturbation ou pollution, comment pouvons-nous la comprendre ? Comme une faute. L'ultime question qui demeure est donc simple : à qui profite ce crime ? C'est à cette question que Bourdieu va s'attacher, employant le scalpel du sociologue pour disséquer l'institution scolaire, en espérant y retrouver assez d'indices pour identifier les coupables et les profiteurs de la reproduction culturelle.

Issu au départ d'une formation philosophique, Pierre Bourdieu traverse la seconde moitié du XXe siècle, largement polarisée par le marxisme, qui influence en profondeur l'université française ; mais son propre itinéraire intellectuel s'explique par une rupture avec le caractère réducteur de la théorie marxiste. Au début du *Manifeste du Parti communiste,* Marx et Engels affirment que « toute l'histoire de l'humanité depuis les origines est l'histoire de la lutte des classes ». Ce postulat initial ramène tous les phénomènes sociaux à une clé d'interprétation unique, qui devait permettre de tout analyser : les rapports de force économiques entre les classes, opposant ceux qui possèdent un capital aux autres, les prolétaires qui, parce qu'ils ne sont pas propriétaires de moyens de production, ne peuvent que vendre leur force de travail.

Or la sociologie oblige à considérer certains faits qui semblent contredire cette généralisation : Bourdieu étudie, par exemple, le cas de ces grandes familles industrielles qui, bien qu'elles connaissent parfois des revers de fortune, parviennent cependant à se maintenir dans l'élite. Phénomène inexplicable pour un simple regard économique : une famille peut perdre l'intégralité de son capital sans pour autant basculer dans la condition prolétaire. Et il arrive le plus souvent que, après quelques générations, elle réussisse à reconstituer l'ensemble de la fortune intégralement dilapidée. Comment expliquer ce phénomène ?

L'analyse de ces situations paradoxales conduit Bourdieu à formuler une hypothèse : le capital, affirme-t-il, n'est peut-être pas uniquement de nature économique. Le patrimoine d'une famille, c'est-à-dire ce qui se lègue de père en fils, comprend aussi d'autres éléments, immatériels, donc plus difficilement mesurables, mais tout aussi efficaces dans la lutte pour le pouvoir. Et le premier d'entre eux, c'est le capital culturel.

Qu'est-ce que la culture ? Bourdieu reviendra plus tard, dans *La Distinction* (1979), sur cette question fondamentale. Mais relevons déjà quelques traits caractéristiques de ce que l'on appelle « culture ». Elle est d'abord un contenu dont on hérite, ce que l'on reçoit d'une transmission, sous la forme de savoirs, qui sont des savoirs théoriques mais aussi, corrélativement, des manières de se comporter dans le monde, de parler, d'entrer en relation. Elle est ainsi un ensemble d'*habitus* : Bourdieu récupère ce terme pour y faire entrer un concept important de son enquête sociologique. L'habitus est une disposition acquise, dont nous n'avons pas ou plus conscience, et qui nous prédispose à agir de telle ou telle manière dans une situation donnée. Il y a des habitus dans n'importe quel rôle social, dans un métier, une fonction hiérarchique, une identité sexuelle, un loisir… La culture sécrète ces habitus, dans leur variété.

Elle est donc, affirme Bourdieu, totalement arbitraire, et ce point est important pour bien comprendre sa réflexion. Aucune culture, affirme-t-il, ne peut prétendre avoir plus de valeur qu'une autre : les habitus qui marquent le comportement des élites ne sont pas en eux-mêmes d'une plus grande « qualité » que ceux qui caractérisent la vie des classes populaires, ou défavorisées. Ces habitus ne sont pas meilleurs ou moins bons ; ils sont simplement différents. C'est même là leur fonction propre : l'habitus permet une différenciation, une *distinction*.

Nous tenons là la véritable efficacité de la culture : elle consiste tout entière à apprendre à faire des distinctions. Il faut une certaine expérience, un certain habitus, pour distinguer un grand opéra d'un air pompier, une toile de maître d'une mauvaise copie ; il faut *être cultivé*, c'est-à-dire posséder la culture dominante, pour distinguer les sports élégants de ceux qui ne le sont pas. En devenant « cultivés », nous apprenons à faire des distinctions ; et ces distinctions, en retour, nous distinguent. Ne dit-on pas d'une personne très supérieure par son savoir, ou par son savoir-vivre, qu'elle est *distinguée* ? Voilà donc à quoi sert la culture : elle sert à différencier, à hiérarchiser, à reconnaître — et en particulier, elle sert aux membres des classes dominantes à se distinguer entre eux. Cela ne vient pas d'une supériorité intrinsèque de leur culture — non, encore une fois, il n'y a dans ces distinctions que du pur arbitraire, comme le montrent d'ailleurs les phénomènes de mode : ce qui était hier élégant est aujourd'hui ridicule, preuve que ces différences ne se fondent sur rien d'objectif. Simplement, si nous appartenons à l'élite, elles nous permettent de faire reconnaître à nos pairs combien nous sommes familiers de la culture dominante ; et si nous ne le sommes pas... nous serons éliminés.

Voilà expliquée sous un nouveau jour la lutte des classes qui traverse la société. Selon Bourdieu, la clé de la domination sociale est bien le capital, mais ce capital n'est pas, contrairement à ce que croyait le premier marxisme, exclusivement matériel : il se déploie aussi en d'autres dimensions, d'autant plus efficaces sans doute qu'elles sont moins visibles, moins directement perceptibles, et donc aussi moins contestables. Car le propre de la sélection par la culture, c'est que nul ne songe à la contester : celui qui s'en trouve écarté ne se révolte pas pour autant. Le capital culturel se transmet pourtant, comme tous les patrimoines, dans l'espace fermé des lignées, des familles, des milieux sociaux. Il produit et reproduit cette caste que le sociologue dénonce dans un premier ouvrage, au titre évocateur : *Les Héritiers*.

Nous sommes alors en 1964, au milieu de ces années d'effervescence qui précèdent le grand bouleversement de Mai 68. Dans l'élan de la contestation de toutes les institutions établies, les recherches de Pierre Bourdieu et Jean-Claude Passeron jettent le soupçon sur le discours officiel qui, en France particulièrement, entoure l'école. Dans la mythologie de la Troisième République, l'école, gratuite, laïque et obligatoire, est un lieu neutre offert à tous pour garantir entre les citoyens une égalité de départ et une justice méritocratique. La thèse défendue par *Les Héritiers* fait littéralement exploser cette prétention : Bourdieu et Passeron décrivent, chiffres à l'appui, le caractère inégalitaire de l'école. Surtout ils affirment que c'est l'école elle-même qui produit ces inégalités, et qu'elle est ainsi tout entière au service du maintien de la domination des classes populaires par les élites.

La violence de l'école

Quelle est en effet la fonction propre de l'école ? Elle consiste à produire de la sélection — à admettre certains et à exclure d'autres, à *orienter*, pour reprendre un terme familier de l'institution scolaire, les enfants dans la *voie* qui leur sera propre. Pour Bourdieu, c'est là la définition même de l'école : « Le système d'éducation doit [...] produire des sujets sélectionnés et hiérarchisés une fois pour toutes et pour toute la vie. » L'école crée donc des groupes à l'intérieur d'une génération. Elle divise, sépare, et répartit. En fait, l'institution scolaire établit des discontinuités, qui sont en elles-mêmes arbitraires. C'est là tout le principe des examens et des concours : entre le 9,5 et le 10,5, il y a un écart plus faible qu'entre le 10,5 et le 19,5. Et pourtant, la véritable frontière, celle qui sépare le succès de l'échec au baccalauréat, c'est la frontière du 10. Le système scolaire crée donc des discontinuités artificielles, aussi artificielles que le chiffre qui sépare le dernier reçu du premier recalé à n'importe quel concours. Mais il faut bien sélectionner : c'est le rôle que remplit l'école.

L'examen a pour effet de se présenter comme une forme de justice immanente ; il fait disparaître, dans une sorte de mythe, son caractère artificiel et arbitraire. Le mensonge de l'institution scolaire repose sur l'idée que la sélection qu'elle opère est juste, naturelle et transparente, et qu'elle récompense objectivement le mérite de chacun, à partir d'une égalité initiale devant les exigences de la compétition. Là se trouve, affirme Bourdieu, la véritable escroquerie : car en réalité, l'égalité des élèves devant l'école est purement formelle. Le problème n'est pas seulement le caractère artificiel, accidentel, de ces discontinuités que crée l'école. L'injustice fondamentale provient d'un fait encore antérieur : la culture de l'école, c'est la culture de l'élite ; et dans le jeu de la sélection, les enfants de l'élite, ces « héritiers » de la culture dominante, bénéficient nécessairement d'une familiarité à son égard qui constitue en leur faveur un avantage irrattrapable par les autres.

De ce fait, le passé social devient passif scolaire. Pour illustrer ce biais de départ, Bourdieu prend l'exemple de la langue : le propre de l'école, c'est qu'on y parle, et qu'on y écoute parler. Or la langue de l'école, celle que parlent les enseignants et les cadres éducatifs, c'est la langue de l'élite. Elle suppose, comme tout habitus, une certaine familiarité, qui s'acquiert par des stratégies précises bien connues des classes dominantes — notamment par l'apprentissage des langues anciennes. Le choix d'apprendre le latin ou le grec est statistiquement déterminant pour la réussite ultérieure d'un élève : il lui permet en effet d'apprivoiser une langue classique qui restera sinon, pour lui, une barrière. « Les études de R. Bernstein, cite Bourdieu, ont montré la place que tient, parmi les obstacles culturels, la structure de la langue parlée dans les familles ouvrières. »

La sélection est donc jouée d'avance — mais cela ne se sait pas. Et c'est le caractère invisible de cet avantage, de ce biais de départ, qui lui donne sa pleine efficacité. Car la fonction de l'école n'est pas seulement de sélectionner, de hiérarchiser : c'est aussi de rendre légitime la hiérarchie qu'elle produit — ou qu'elle reproduit —, de la faire accepter par tous et de dissimuler l'arbitraire réel derrière des mérites fictifs. Car quels mérites, sauf dans des cas exceptionnels, peuvent permettre de survivre à la sélection scolaire lorsqu'on n'est pas un héritier ? Seuls ceux qui ont déjà reçu de leur famille, de leur milieu social, les codes nécessaires pour franchir les étapes y parviendront finalement. Ce n'est pas l'école qui donnera ces codes. Paradoxalement, c'est même une certaine distance envers la culture scolaire qui fait la réussite de l'élève brillant. Il faut montrer une culture qui n'est pas réellement dépendante de l'école pour être reconnu comme un authentique héritier.

On ne dit pas autre chose lorsqu'on admire ce surcroît de réussite qu'est la précocité d'un élève. Non seulement l'élève précoce franchit les étapes, mais il les franchit plus rapidement que la normale, c'est-à-dire en ayant passé moins de temps en classe que les autres. L'élève précoce fait ainsi la preuve de ce qu'il fallait démontrer : ce n'est pas la quantité de travail scolaire que l'école récompense. On n'apprend rien à l'école de ce qu'il faut savoir pour y triompher : s'il en était ainsi, nous admirerions un élève en proportion du temps qu'il y aurait passé. Or il n'en est rien. A rebours de l'élève précoce, Bourdieu nous montre l'élève laborieux, celui qui redouble, qui « piétine ». Il nous montre aussi l'élève « méritant », justement, mais qui a le grand tort de ne pas être un héritier. Parce qu'il ne possède pas cette forme de supériorité par rapport à la culture, cette distance aristocratique, cette liberté familière, les enseignants reprocheront à l'élève travailleur d'être « trop scolaire. » Dans ce reproche, Bourdieu voit le comble de la violence de l'institution — l'école reprochant à l'enfant d'être scolaire… Qu'est-ce que cela signifie, sinon qu'il est condamné d'avance à la relégation, et que, puisqu'il ne fait pas partie de la caste, sa condamnation est sans appel ?

Même l'élève le plus méritant, celui qui joue totalement le jeu de l'école, ne s'en sort pas. Comment justifier alors que certains puissent survivre à la sélection ? Ici joue à plein ce que Bourdieu appelle « l'idéologie du don ». De celui qui dispose déjà de tous les habitus pour se faire reconnaître comme un familier de la culture scolaire — c'est-à-dire de la culture arbitrairement dominante, de l'héritier donc, on dira qu'il est « doué », qu'il a un don. Et de notre malheureux élève laborieux mais trop « scolaire », nous dirons qu'il n'était « pas doué ». L'idéologie du don est totalement irrationnelle : comment pourrait-elle expliquer la relation statistique marquée entre milieu social d'origine et réussite scolaire ? Bourdieu refuse de se prononcer sur d'éventuelles différences naturelles dans les aptitudes entre les individus ; car, quoi qu'il en soit, peut-on imaginer qu'il y ait de telles variations de « nature » entre les classes de la population ? Pour accepter l'explication par le « don », il faut refuser de regarder en face la réalité statistique de l'importance du milieu social d'origine. « La cécité aux inégalités sociales condamne et autorise à expliquer toutes les inégalités, particulièrement en matière de réussite scolaire, comme inégalités naturelles, inégalités de dons. »

L'idéologie du don rend légitimes les sélections scolaires qui servent de support aux hiérarchies structurant toute la société. Avec ses examens et ses concours, l'école se présente comme un lieu de sélection égalitaire, mais en réalité elle reproduit des rapports de domination arbitraires. « Le concours ne fait que transformer le privilège en mérite puisqu'il permet à l'action de l'origine sociale de continuer à s'exercer, mais par des voies plus secrètes. » Il suffit pour le prouver de montrer que les enfants des classes supérieures sont systématiquement surreprésentés dans les filières qui donnent accès aux leviers du pouvoir. Ainsi les déterminismes sociaux sont-ils à la fois préservés et dissimulés aux yeux de tous — ces deux résultats étant évidemment liés : « Il se pourrait même [...] que l'action [de ces] déterminismes soit d'autant plus impitoyable que l'étendue de leur efficacité est plus ignorée. »

Selon Bourdieu, il y a un écueil à éviter : celui qui consisterait à croire que ce sont les inégalités sociales qui agissent de l'extérieur sur l'école et que lutter pour réduire ces inégalités permettrait d'assurer enfin une équité devant la sélection scolaire. Par exemple, on pourrait penser que c'est parce qu'ils travaillent dans des conditions moins favorables que les étudiants des classes populaires réussissent moins leurs études. Il faudrait alors assurer à tous un logement, des bourses d'études, une gratuité de l'enseignement et des services, un accès égal aux outils d'apprentissage, un accompagnement personnalisé pour chacun... Ainsi le concours redeviendrait-il méritocratique et républicain. Croire cela serait, affirme Bourdieu, une grave erreur. En réalité, c'est l'école elle-même qui produit et reproduit les inégalités. La véritable cause de la marginalisation des classes populaires, c'est la domination de la culture des élites à l'intérieur de l'école et dans ses critères de sélection. Ce n'est donc pas en améliorant les conditions initiales d'une compétition structurellement biaisée que l'on pourra la rendre plus juste — au contraire : ce serait l'accomplissement du mensonge de l'idéologie du « don », puisque l'échec serait définitivement imputé à l'étudiant lui-même, et non plus aux conditions de ses études, l'égalité de ces conditions ayant été affichée. « L'égalité formelle des chances étant réalisée, l'école pourrait mettre toutes les apparences de la légitimité au service de la légitimation des privilèges. »

L'école est donc intrinsèquement violente ; elle est tout entière violence. Elle est violente dans son principe : le lexique adopté par Bourdieu est saturé d'expressions qui expriment cette violence extrême. Par exemple, le taux d'échec à un examen est désigné sous le vocable de « mortalité scolaire ». L'école élimine, évacue, enferme. Mais elle est violente surtout parce qu'elle ne se contente pas de condamner : elle demande en plus au condamné d'acquiescer à sa condamnation. L'école peut sélectionner « sans même avoir besoin d'exclure, puisque tout se passe comme si n'étaient exclus que ceux qui s'excluent ». Ainsi l'arbitraire brutalité de la sélection se trouve-t-elle dissimulée ; elle n'en est que plus violente encore. L'essentialisme de l'école, cette tendance à considérer que les sélections scolaires reflètent l'essence même d'une personne et sa valeur propre, est adopté par tous, à commencer par les classes populaires — ce qui ajoute encore à la probabilité de leur autoexclusion. « Les étudiants des basses classes tiennent ce qu'ils font pour un simple produit de ce qu'ils sont, et le pressentiment obscur de leur destin social ne fait que renforcer les chances de l'échec. »

Pour une pédagogie rationnelle

L'école est donc une scène de crime : on y trouve des coupables, des complices, des victimes. L'arme du crime, c'est la culture : elle est le moyen de cette sélection biaisée, l'outil qui permet de reproduire et de légitimer les rapports de domination — et elle n'est que cela. Il n'y a pas de valeur en soi de la culture : elle est un champ purement arbitraire de distinctions. Bourdieu se moque d'un sondage sur les lauréats du concours général, qui disent tous préférer la philosophie grecque à Johnny Hallyday : expression transparente du mimétisme des héritiers. L'école reconnaît les produits conformes, les reproductions des stéréotypes de la classe dominante, et elle en fait, à travers l'élitisme du concours général, ses « produits d'exposition ». Mais il n'y a là que du pur arbitraire : en soi, la philosophie grecque ne « vaut » pas mieux que Johnny Hallyday. Préférer Platon à une rock star, c'est simplement trahir un symptôme de la lenteur inhérente à la culture scolaire, culture dominante qui peine à s'adapter à la nouveauté d'une époque. Les lauréats du concours général, ironise Bourdieu, ressemblent à des notices nécrologiques : ils sont âgés et sclérosés comme l'institution dont ils sont les produits parfaits.

La culture scolaire n'est pas « meilleure » qu'une autre. Elle est simplement l'expression d'un arbitraire culturel, celui de la classe dominante — et l'imposition à toutes les classes sociales de cet arbitraire culturel comme critère de principe dans la compétition scolaire. « La culture légitime, écrivent Bourdieu et Passeron dans *La Reproduction*, [...] c'est-à-dire la culture dotée de la légitimité dominante, n'est autre chose que l'arbitraire culturel dominant, en tant qu'il est méconnu dans sa vérité objective d'arbitraire culturel et d'arbitraire culturel dominant. »

Il y a donc, au cœur de l'école et de sa violence, une forme d'irrationalité. Bourdieu le constate, avec le regard de l'ethnologue, lorsqu'il observe les rituels caractéristiques de l'itinéraire étudiant. Que de superstitions autour d'un examen, d'un concours, d'une période de révisions ou d'une intégration réussie ! La pensée magique y prend plus de place que la préparation technique. D'une façon générale, que de mythes et de fantasmes autour de l'apprentissage, et plus encore de l'enseignement... Contrairement aux apparences qu'elle se donne, l'école n'est pas un monde sérieux : d'ailleurs, très concrètement, un étudiant ne fait rien de sérieux. « Etudier, ce n'est pas créer une culture, encore moins créer une culture nouvelle. » L'étudiant ne produit rien : son temps d'études devrait simplement le préparer à produire. C'est la raison pour laquelle le temps des études est un temps irréel, éloigné des contraintes et du sérieux de la vie sociale. Le moyen propre que l'école offre à l'étudiant, c'est l'exercice par lequel il s'entraîne. L'exercice est une forme d'illusion organisée : c'est un « faire fictif », un « faire semblant ». S'exercer, ce n'est pas encore faire réellement ce à quoi l'on s'exerce. L'exercice n'est donc qu'une préparation, une transition vers le « faire » réel. En ce sens, avec ses notes, qui marquent le succès ou l'échec d'un exercice, l'école organise une évaluation qui lui est propre dans un univers tout entier irréel : elle ressemble à un grand jeu plutôt qu'au monde concret dans lequel l'étudiant devra demain agir et produire. L'école n'a de réalité « que par procuration et par anticipation ».

Cette analyse conduit Bourdieu à affirmer qu'une pédagogie vraiment rationnelle devrait assumer qu'elle n'est qu'un moyen en vue d'un objectif unique, la préparation au seul univers qui soit sérieux : celui du travail, de la production réelle. Pour l'étudiant, le seul but rationnel consisterait à tout faire pour n'être très vite plus étudiant, pour entrer dans la vie professionnelle — le vrai monde. Et comme l'étudiant devrait tenter de dépasser dès que possible sa condition étudiante, l'enseignant devrait chercher à se supprimer lui-même en se rendant inutile : le professeur doit « [se donner] pour tâche de préparer sa propre disparition en tant que professeur ». Ainsi, une école vraiment rationnelle saurait se restreindre à un seul objectif, la préparation au monde du travail ; c'est à cela qu'il faut limiter l'enseignement. Et Bourdieu ne cesse de rappeler cette exigence négative, restrictive, dont « il faut prendre son parti ». Il regrette en effet que, loin de cette rationalité utilitaire et pragmatique, l'éducation se présente si souvent comme ayant une valeur en soi. Or, rappelons-le, la culture scolaire est selon lui un pur arbitraire : puisqu'elle n'a aucun intérêt par elle-même, sa seule valeur est de servir une stratégie professionnelle. « L'illusion de l'apprentissage comme fin en soi

[...] nie les fins que sert réellement l'apprentissage, à savoir l'accession à une profession. »

Pour le marxiste qu'est Bourdieu, l'éducation est simplement un capital comme un autre : l'école, en validant des « acquis », délivre des « titres » scolaires et universitaires, lesquels sont ensuite valorisés sur le marché de l'emploi — exactement comme on valoriserait des titres boursiers sur les marchés financiers. Les diplômes sont convertibles en liquidités économiques : voilà ce que savent les familles qui détiennent le capital, et ce que l'institution scolaire, qui sert la reproduction des privilèges, cherche à dissimuler aux victimes désignées de la sélection sociale. Il suffit pour cela de leur faire croire que l'apprentissage vaut pour lui-même... Le discours mythique qui entoure l'école prive ainsi les étudiants défavorisés de la lucidité pragmatique qui leur permettrait de comprendre la réalité concrète de la compétition scolaire et d'y adopter des stratégies plus efficaces. « La condition étudiante, affirme Bourdieu, ne peut tenir son sérieux que de l'avenir professionnel auquel elle prépare », mais « par des moyens très divers, les étudiants, et surtout les plus favorisés d'entre eux, se dissimulent généralement la vérité objective de leur condition ». En occultant le fait qu'elle n'est qu'un outil au service de la lutte pour la richesse, l'école prend les étudiants à son jeu ; elle les infantilise en les enfermant dans son monde purement virtuel, cet univers de hiérarchies, de règles et de distinctions artificielles qu'elle présente comme un monde sérieux.

Dans *Les Héritiers,* Bourdieu et Passeron laissent entrevoir la possibilité d'une réforme de l'éducation, qui supposerait de faire sauter cette hypocrisie pour adopter un rapport purement rationnel à l'apprentissage. Il faudrait cesser d'attacher la moindre importance à tout ce qui n'est pas strictement factuel, objectif, scientifique dans l'enseignement — l'idée que la culture aurait une valeur en elle-même, que les étudiants seraient plus ou moins « doués », ou que les enseignants pourraient avoir une forme de « charisme ». Cela permettrait de ramener l'école à sa réalité et à son but : une préparation au combat pour le capital économique. « La manière la plus rationnelle de faire le métier d'étudiant consisterait à organiser toute l'action présente par référence aux exigences de la vie professionnelle, et à mettre en œuvre tous les moyens rationnels pour atteindre, dans le moins de temps possible, cette fin explicitement assumée. »

De façon étonnante, l'analyse de Bourdieu finit ici par rejoindre un certain discours utilitariste, de plus en plus répandu à droite et dans le monde de l'entreprise, qui voudrait faire de l'école une simple préparation à l'emploi, n'ayant pour objectif que la rentabilité globale du système économique. Les enseignants n'auraient alors pour mission que de préparer le futur travailleur qui sommeille en chaque enfant ; une bonne partie des élites économiques donne ainsi raison au marxisme de Bourdieu, et revendique avec lui un rapport strictement matérialiste à l'éducation, qui refuserait explicitement tout attachement à la gratuité de la culture et de la connaissance.

Dans cette perspective, il ne s'agit plus en effet de transmettre des savoirs, mais de développer des « aptitudes ». Et pour cela, au lieu de faire confiance à l'autorité du maître, il faut faire de la pédagogie une technique rationalisée et calculée. Aborder l'enseignement, la formation, la notation comme des procédures organisées serait une façon de diminuer le poids du « privilège culturel ». Bourdieu décrit cette révolution méthodologique en termes purement économiques : « une pédagogie réellement rationnelle devrait se fonder sur l'analyse des coûts relatifs des différentes formes d'enseignement [...] et leur rendement différentiel selon l'origine sociale des étudiants [...] ; elle devrait prendre en compte les fins professionnelles de la formation ».

Bien sûr, ce projet a une histoire. De façon très singulière, on y retrouve, jusque dans son expression économique, l'idée cartésienne d'un apprentissage exclusivement tourné vers un « profit » personnel ; et bien sûr, on peut y lire aussi la conception rousseauiste d'une éducation qui aurait pour seule source l'expérience, et pour seul but l'action utile. Les préconisations de Bourdieu et Passeron auront aussi une véritable influence : à partir de la fin des années 1960, se développent dans les universités françaises les postes d'enseignement et de recherche en « sciences de l'éducation ». En 1970, le gouvernement crée l'Institut national de recherche pédagogique (INRP), et l'Office français des techniques modernes d'éducation (OFRATEME) — dont le titre est à lui seul tout un programme... Un dialogue difficile s'engage entre le monde enseignant et ces nouveaux experts, dont l'idéologie sera rapidement baptisée du vocable négatif de « pédagogisme ». Dans la droite lignée de la « rationalisation » prônée par Bourdieu, une génération de « spécialistes » s'applique à réformer l'enseignement par les méthodes positivistes des sciences de l'éducation et de « l'ingénierie pédagogique ».

Naturellement, les résistances sont vives : Bourdieu l'explique comme une conspiration inconsciente contre la rationalisation de l'éducation. Dès ses premières recherches, il désignait déjà les coupables : les enseignants, d'abord, qui refusent d'abandonner leur fonction charismatique pour adopter des techniques purement instrumentales, et accepter ainsi de n'être que les simples auxiliaires d'un projet professionnel dont l'essentiel leur échappe. Pour le sociologue, les enseignants sont incapables d'ouvrir la voie à « leur négation en tant que maîtres ». Mais ils trouvent aussi, hélas, des complices passifs en leurs étudiants, qui se complaisent dans l'irréalité d'une situation transitoire érigée en idéal de vie, pour mieux se cacher la réalité de la compétition violente dans laquelle ils sont de toute évidence déjà engagés. Finalement, professeurs et élèves s'accordent pour protéger un système dont ils déplorent pourtant les défauts, parce que ceux-ci sont nécessairement liés aux bénéfices qu'ils en retirent. Et malgré tout, en concluant leur travail sur *Les Héritiers*, Bourdieu et Passeron laissent encore place à un espoir : malgré tous les conservatismes, il serait possible de rationaliser l'art d'enseigner — et cette rationalisation des moyens et des institutions pédagogiques serait immédiatement « conforme à l'intérêt des classes les plus défavorisées ». La suite de leurs travaux viendra bientôt interdire cet optimisme.

Pédagogie et désespoir

Dans *Les Héritiers* déjà, le soupçon était porté sur « l'utopie d'arracher définitivement les étudiants à l'emprise de l'organisation universitaire et [sur] le mythe de l'enseignement non directif ». Comme si le projet d'une pédagogie rationnelle ne devait jamais suffire à purifier l'éducation de sa fonction sélective et inégalitaire, de ses enjeux de capital et de pouvoir. Lorsqu'ils écrivent ensemble *La Reproduction*, en 1970, Pierre Bourdieu et Jean-Claude Passeron semblent avoir renoncé à réformer le système éducatif. L'ouvrage dénonce toutes les promesses pédagogiques comme autant d'illusions, au premier rang desquelles le « mythe rousseauiste » d'une éducation naturelle. Il est temps, affirment les auteurs, de cesser de dissimuler la vérité objective de l'action pédagogique : parce qu'elle consiste nécessairement à imposer un arbitraire culturel à l'enfant, elle ne peut être qu'une violence pure et simple. Il n'y a pas de transmission qui ne soit violence, pas d'éducation qui ne repose sur l'affirmation brutale et indiscutée d'un parti pris du monde des adultes. Bourdieu reprend à son compte l'affirmation de Durkheim : « Il n'est pas d'éducation libérale. »

En effet, les cultures sont des univers relatifs, et aucune ne peut prétendre posséder en soi une valeur supérieure. Mais malgré le relativisme de principe dont Bourdieu témoigne avec une cohérence persistante, il reconnaît l'impossibilité de penser une éducation relativiste. L'éducation fait toujours référence à un arbitraire culturel ; on pourrait tenter de le faire évoluer, d'intégrer par exemple à l'enseignement des produits culturels venus d'autres univers, ou issus des classes populaires : cela ne changera rien au fait que l'autorité pédagogique demeurera fondée sur l'imposition arbitraire de certaines préférences — et des exclusions qui en sont le corrélat. L'adulte peut devenir parfaitement relativiste, mais jamais l'enseignant ; Bourdieu affirme la nécessité de renoncer à l'utopie d'une éducation multiculturelle : aucune pédagogie ne fera d'un individu « l'indigène de toutes les cultures ».

Tout enseignement admet et rejette, valorise et disqualifie. Ce fonctionnement est inhérent à l'action pédagogique. Les rapports de sens qu'elle crée sont donc des rapports de force, des rapports de violence. Contrairement aux *Héritiers,* le second ouvrage de Bourdieu et Passeron ne prétend pas ouvrir des perspectives positives : il veut seulement manifester le caractère de violence de toute transmission. Assimilée à « la figure du père », l'autorité pédagogique inculque par effraction l'arbitraire culturel à des générations d'élèves, arbitraire par lequel la classe dominante reproduit indéfiniment sa domination. L'école ne sera donc jamais un lieu de liberté, d'affranchissement, d'ouverture : elle est au contraire, par essence, un lieu d'autorité. En cela, elle est assimilée par le sociologue à « la famille, l'église, l'hôpital psychiatrique, l'entreprise et l'armée » — tous ces lieux dans lesquels s'exercent, aux yeux du sociologue, des rapports de contrainte et de domination. Pour Bourdieu, le travail pédagogique est un substitut de la contrainte physique : la coercition proprement dite marque toujours son échec. Si elle fonctionne correctement, les habitus transformés en normes par la culture dominante sont silencieusement inculqués, par l'effort de l'apprentissage, qui sous la plume de Bourdieu finit par ressembler au dressage.

Il y a cependant un vice supplémentaire dans l'entreprise pédagogique : c'est qu'elle dissimule ses buts réels, qu'elle cache les rapports de force qui pourtant sont à son principe. Nous l'avons vu, la transmission est la tactique par laquelle les puissants conservent et reproduisent leur domination ; et cependant, elle se présente au contraire comme un moyen d'émancipation et d'égalité. Cette conception commune de l'éducation comme moyen d'accès à une égale liberté est même la source de sa légitimité auprès du peuple, et en particulier des classes les plus défavorisées. Ce n'est que parce qu'ils ignorent tout de ce que l'école produit (ou reproduit) en réalité que les citoyens lui font confiance. Pour atteindre ses buts, l'action pédagogique doit d'abord les dissimuler, masquer son arbitraire hiérarchique. Au moins, dans la caserne ou dans la prison, les rapports de domination apparaissent-ils de façon transparente, assumée, visible. Il n'en va pas de même dans l'école, qui se prétend au service de la liberté des élèves, par leur ouverture intellectuelle à la dimension de l'universel. Cette universalité n'est que le résultat de l'inculcation parfaitement accomplie d'un arbitraire culturel particulier et contingent : lorsque l'école a imposé à l'élève tous les habitus de la culture dominante, elle lui apparaît comme universelle…

Tout le processus éducatif repose donc sur une immense illusion, sur un mensonge absolu. L'action pédagogique se présente comme l'occasion d'une transmission « légitime », alors qu'elle impose l'arbitraire de la culture dominante ; et plus elle parvient à l'inculquer, plus cette culture dominante paraît naturelle, universelle, légitime. Ce faisant, l'école impose un rapport de force, en même temps qu'elle le dissimule ; et il faut qu'elle le dissimule, comme pur moyen de domination, pour pouvoir continuer à l'imposer. Le but de Bourdieu et Passeron, six ans après *Les Héritiers*, est désormais, tout simplement, de dévoiler la supercherie, de montrer ce qu'*est*, au fond, l'éducation — toute éducation, quelle qu'elle soit. Il s'agit de « ramener l'action pédagogique à sa vérité objective de violence » — de montrer que toute éducation est par nature violence, parce qu'elle consiste à imposer une culture arbitraire au moyen d'un pouvoir arbitraire. Max Weber décrivait l'Etat comme l'institution possédant le monopole de la violence physique légitime ; *La Reproduction* décline cette formule pour définir l'école comme une organisation revendiquant le monopole de la violence symbolique légitime.

L'autorité pédagogique est ainsi dénoncée comme un pouvoir violent au service de la reproduction des rapports de domination, dissimulé derrière le mythe irrationnel d'une promesse d'égalité. Ce diagnostic ne pouvait pas apporter de remède : il signait l'arrêt de mort de la transmission, désormais définitivement criminalisée. *Les Héritiers* laissaient entrevoir une réforme de l'action pédagogique ; *La Reproduction* ne pourra que culpabiliser, sans solution, ceux qui se rendent complices de ce qui est désormais décrit comme pure violence. Leur seule excuse était l'ignorance, l'immense illusion du discours éducatif qui les a trompés. « Toute action pédagogique, écrit Bourdieu, a pour condition d'exercice la méconnaissance sociale de la vérité objective de l'action pédagogique. » Il faut ignorer ce qu'est réellement l'enseignement pour devenir enseignant. Mais une fois cette réalité dévoilée, comment faire ?

L'enquête de Bourdieu et Passeron s'arrête sur cet aveu d'échec et cette condamnation définitive. Les deux chercheurs s'arrêtent sur le problème que pose forcément leur analyse impitoyable : l'impossibilité désormais avérée de « fonder une pratique pédagogique sur la vérité théorique de toute pratique pédagogique ». A celui qui sait ce qu'est l'éducation, éduquer devient impossible. C'est d'ailleurs, pour les enseignants que sont nos auteurs, un problème qui se présente de façon concrète et immédiate : comment enseigner que tout enseignement est une violence ?

Cette condamnation sans appel a pourtant servi de fondement à cinquante ans de discours sur l'éducation. Cinquante ans d'analyses, de commentaires, de formation — et, aussi paradoxal que cela puisse paraître, cinquante ans de formation des enseignants eux-mêmes. A quelle efficacité concrète pouvait conduire ce discours critique ? A l'IUFM, nos formateurs expliquaient sans sourciller aux jeunes enseignants que nous étions la « réalité objective » de notre métier : nous devenions à nos propres yeux les complices actifs de l'inégalité sociale. En faisant cours, nous reproduisions la fausse légitimité des rapports de domination. En transmettant un savoir, nous imposions des habitus. En faisant acte d'autorité, nous faisions acte de violence, pure, arbitraire, destructrice. En mettant des notes — suprême et « macabre » violence —, nous préparions pour le grand capital les bataillons de prolétaires résignés qu'il attendait. Nous avions rejoint la corporation des coupables ; car si l'école était si inégalitaire, c'est que les professeurs résistaient encore à ces bienveillants formateurs qui voulaient les réformer. Corporation d'irréformables, parce que coupables par nature, par essence, par vocation, nous, les bons élèves du système, salauds d'hier, d'aujourd'hui et de toujours...

Cette condamnation a largement pénétré le discours commun sur l'enseignement, et sur la transmission en général, quelles que soient d'ailleurs les sensibilités politiques. Un exemple parmi tant d'autres, vécu pendant ma première année d'enseignement : en décembre 2009, en pleine polémique sur les concours d'accès aux grandes écoles, un ministre de l'Enseignement supérieur déclara, dans un communiqué officiel, que la culture générale était « discriminatoire. » Un gouvernement de droite reprenait donc à son compte la clé de voûte de l'analyse du marxiste Bourdieu. Je n'oublierai jamais le jour où je lus, quelques minutes avant d'entrer en cours, cette déclaration si anodine d'apparence — si explosive en réalité. Qu'allais-je faire au juste en entrant dans cette salle de classe ? J'avais voulu transmettre la culture en croyant naïvement servir par là les élèves que je rencontrerais, et les aider à s'approprier leur avenir ; et voilà qu'une parole officielle, représentant l'institution qui m'avait formé pour cela, affirmait que mon travail entretenait les discriminations…

En adoptant l'analyse de Bourdieu, nous avons hérité de son fatalisme, et nous sommes entrés avec lui dans l'impasse qu'il ouvre à la mission éducative en général. La dénonciation des héritiers rend impossible la transmission ; elle nous empêche de l'assumer. Et de ce fait, le soupçon que notre société porte sur eux — et qui se transforme si nécessairement en une forme de mauvaise conscience latente — a fini par faire entrer tous les dépositaires d'une *autorité* dans un désespoir partagé. C'est en particulier le cas de l'Education nationale, plongée dans une sorte de dépression collective singulièrement frappante, malgré les énergies qui tentent de se manifester partout. Comment pourrait-il en être autrement, puisque la fonction même de l'enseignant, puisque la place même de l'adulte semblent avoir perdu leur sens et leur légitimité ?

Quelle vision positive peut encore justifier l'autorité éducative ? Quelle raison avons-nous encore d'entrer dans une salle de classe, de faire un cours, de parler à ces élèves que toute la postmodernité décrit comme les victimes désignées des échéances auxquelles nous les préparons ? S'il ne nous reste aucune raison, ne subsiste plus, paradoxalement, que la répétition mécanique d'un acte traditionnel, d'un rôle social qui, pour n'être plus habité, n'en est pas moins nécessaire pour assurer un semblant d'ordre public et renouveler le potentiel économique. Ne subsiste plus qu'une responsabilité parentale sans signification, complétée par une administration sans âme. Faut-il nous y résigner ? Sommes-nous condamnés à enseigner, à éduquer sans trop savoir pourquoi, et sans oser nous le demander ?

Sans doute, après avoir cédé à la fascination d'une déconstruction qui semblait libératrice, est-il désormais urgent de rouvrir la discussion, de retrouver des perspectives nouvelles et de dépasser la culpabilité des héritiers pour refonder le sens de la pédagogie, qui est, précisément, le contraire du désespoir.

REFONDER LA TRANSMISSION

La culture, être ou avoir ?

Le « capital culturel »

S'il est une représentation qui a largement imprégné l'inconscient collectif, c'est bien celle du « capital culturel ». Partout, en toutes circonstances, nous parlons de la culture comme de quelque chose qu'il faudrait « posséder », au moins un peu, pour tenir sa place sur l'échiquier social et professionnel. Aux enseignants, on demande de fournir aux élèves un « bagage culturel » pour traverser l'existence, dans une perspective purement pragmatique : les savoirs ainsi transmis doivent pouvoir constituer « un socle de compétences », de savoir-faire, afin d'« équiper » le travailleur futur qui sommeille en chaque enfant. La conséquence de ce rapport strictement utilitaire à l'éducation, c'est de chercher à la restreindre autant que possible : la culture est un mal nécessaire, dont, comme aurait dit Bourdieu, il faut « prendre son parti ». Il est encore indispensable « d'acquérir » des connaissances pour entrer dans le jeu social ; mais, au moins, faisons en sorte que ces « acquis » soient limités au strict minimum. La métaphore commune du « bagage culturel » est en elle-même très explicite : pour partir en voyage, il faut bien une valise ; mais tant qu'à faire, il vaut mieux qu'elle soit la plus légère possible. Le propre d'un bagage, c'est qu'il est encombrant, qu'il pèse, et qu'il gêne la liberté de mouvements. Si donc la culture est un « acquis », il faut par compassion en délester autant que faire se peut ceux qui se trouvent contraints, derrière nous, à en porter à leur tour le poids.

Cette conception de la culture, tout entière pensée dans le vocabulaire de l'avoir — l'acquis, le bagage, le capital —, nous laisse supposer qu'elle se trouve infligée comme une adjonction à la personnalité à laquelle elle est transmise. Aussi bien que le voyageur se distingue de la valise qu'il transporte, la culture que possède un individu pourrait se distinguer de ce qu'il est, de sa personnalité singulière. Nos savoirs, nos connaissances, nos acquis, tout cela se surajouterait à ce que nous sommes, authentiquement, en profondeur. Cette perspective, si largement adoptée qu'elle en est désormais omniprésente et implicite, devient facilement visible dans les débats qui entourent l'éducation.

Reprenons l'exemple de la polémique récurrente sur les critères d'évaluation utilisés dans les concours de recrutement : il est commun de dénoncer une sélection superficielle et injuste, qui prendrait pour critère la *quantité* de culture possédée par le candidat. A l'inverse, pense-t-on, il vaudrait mieux s'intéresser aux *qualités* essentielles de la personne — sa capacité de réflexion, sa sensibilité, son originalité. Symptomatique était, de ce point de vue, la réflexion qui a poussé le prestigieux Institut d'études politiques (IEP) de Paris à supprimer de son concours d'entrée, en décembre 2011, l'épreuve de « culture générale ». Au-delà de la décision en elle-même, la justification qui l'expliquait était singulièrement éclairante : il s'agissait désormais, selon l'institution, de « mesurer une intelligence, et non plus un savoir ». Les savoirs sont discriminants, puisqu'ils sont le capital dont héritent les privilégiés ; mieux vaut donc changer de critère. Désormais, affirme Sciences-Po, un entretien de personnalité remplacera cet examen de culture : il permettra d'évaluer « la motivation du candidat, son ouverture d'esprit, son goût pour l'innovation, sa curiosité intellectuelle, son esprit critique, sa capacité à développer une réflexion personnelle ». Et, pour les mesurer, on attachera une importance particulière au parcours du candidat, à « son engagement dans la vie associative, sportive, culturelle, politique ou syndicale ». Parmi ces nouveaux attendus, les savoirs ressemblent désormais à un « bagage » inutile — ne parlons pas de l'érudition, qui serait carrément une faute de goût. Pour être promu par ces processus de sélection, mieux vaut être un militant impliqué qu'un étudiant appliqué. Car, généralement, on ne se contente bientôt plus de distinguer la valeur d'une personne de ses qualités scolaires : on finit par les opposer franchement. Ainsi, par exemple, ce directeur adjoint de la même institution, qui met en scène la disqualification des sélections trop scolaires : « Nous ne recrutons pas des copies, nous recrutons des individualités[1]. »

1. Citations extraites d'un article de Marie-Estelle Pech dans *Le Figaro* du 13 décembre 2011 : « Sciences-Po supprime l'épreuve de culture générale ».

Ce discours, qui n'est que le résultat inconscient de la lente révolution que nous avons retracée plus haut, semble toutefois se méprendre sur la nature même de la culture. Peut-elle vraiment être décrite comme un acquis, classée parmi les « capitaux » que l'on « possède », désignée par le verbe *avoir* ? N'est-elle pas plutôt du côté de l'*être* ? Que serions-nous sans la culture que nous avons reçue — sans cet ensemble de signes, de représentations, de textes, de savoirs qui nous ont été transmis et qui ne cessent chaque jour de mûrir en nous ?

Décrire la culture comme un bagage suppose d'affirmer l'existence autonome du propriétaire de ce bagage, sa personnalité indépendante et autosuffisante ; quelque utile qu'il soit, le bagage demeure toujours une propriété contingente et séparable du voyageur. Mais la culture ne saurait être décrite ainsi : elle est au contraire le passage nécessaire par où s'accomplit notre personnalité. Elle n'augmente pas ce que nous avons, mais ce que nous sommes. Et, en cela, elle n'est pas accessoire, mais essentielle.

Il suffit pour s'en convaincre de se pencher, avec tous les esprits curieux du XVIIIe siècle, sur la question des enfants sauvages, qui passionna Rousseau, ses contemporains et ses successeurs.

L'enfant sauvage

Arrêtons-nous sur l'un des cas les plus connus, et le plus éclairant. En 1797, un enfant d'une dizaine d'années est aperçu dans le Tarn ; deux ans plus tard, il est capturé près de Lacaune, d'où il s'enfuit au bout d'une semaine. On l'aperçoit parfois, pendant l'hiver, qui rôde à proximité des villages. En janvier 1800, il est poursuivi par des chasseurs, qui le rabattent vers le bourg de Saint-Sernin-sur-Rance, où il est arrêté, puis enfermé à l'hospice. La découverte du « Sauvage de l'Aveyron » fait grand bruit dans toute la France : après les spéculations des Lumières sur le bon sauvage, n'a-t-on pas enfin trouvé un exemple parfait de ce que serait l'homme à l'état naturel, préservé de toute cette culture qui le pervertit ? Journaux, gazettes et salons se prennent de passion pour l'anecdote, au point qu'un ministre finit par commander qu'on amène l'enfant à Paris, pour l'intérêt scientifique et philosophique de son cas.

Le docteur Bourneville décrira, quelques décennies plus tard, l'excitation suscitée par l'arrivée du jeune homme[1] ; il l'explique par l'influence des travaux des Lumières, et de Rousseau en particulier : « Il s'est rencontré des philosophes qui nous ont donné le sauvage pour l'homme primitif et l'homme civilisé comme un être dégradé. On croit avoir trouvé l'occasion de vérifier les conjectures de la philosophie, on la saisit avec empressement. » Mais la déception est à la hauteur de ces espérances : « Quelle illusion, et quel désenchantement ! » On espérait découvrir la perfection d'une humanité restée pure et intacte ; mais : « [au] lieu de cet

1. Préface à l'édition des *Rapports et mémoires sur le sauvage de l'Aveyron*, de Jean Itard (1891).

être extraordinaire qu'on s'attendait à voir, on vit un enfant d'une malpropreté dégoûtante, se balançant sans but et sans relâche, mordant, égratignant ceux qui le contrariaient, ne témoignant aucune reconnaissance pour ceux qui le servaient, indifférent à tout et ne donnant de l'attention à rien. Il avait des sens, et ne savait pas s'en servir ; ses yeux ne savaient pas regarder ; ses oreilles ne savaient pas écouter ; l'odorat était si grossier qu'il recevait avec la même indifférence les parfums les plus suaves et les odeurs les plus repoussantes ; enfin tous ses sens, distraits ou insensibles, erraient sans cesse d'un objet à un autre sans jamais s'arrêter. » Devant cette déception, l'opinion parisienne se détourne instantanément, et l'admiration préconçue laisse place à un violent mépris. Si la théorie rousseauiste n'est pas confirmée, affirme Bourneville, c'est que « l'exemple était mal choisi ». Un médecin réputé, le docteur Pinel, examinant l'enfant, porte sur son cas un verdict sans appel : « [il] crut reconnaître non pas un sauvage, non pas l'enfant de la nature, mais un être dégradé, un être déshérité des plus nobles attributs de son espèce, un être insociable, un véritable idiot. » Et les curieux déçus trouvèrent là une explication facile pour achever de le condamner : c'est justement parce que l'enfant était si stupide qu'il avait dû être abandonné par ses parents…

Cette interprétation aurait peut-être prévalu sans l'audace d'un visionnaire encore isolé. A vingt-cinq ans, alors étudiant en médecine, Jean Itard affirme, contre tout ce que Paris compte d'intellectuels, qu'il faut risquer une autre hypothèse : peut-être le solitaire de l'Aveyron est-il demeuré si imparfait, à un stade si proche de l'animalité, précisément parce qu'il a été abandonné. Il n'a pas bénéficié d'une éducation, et ceci est assurément la cause, et non la conséquence, des imperfections de sa nature. Itard renverse les préjugés de ses contemporains ; il se révolte surtout à l'idée qu'on puisse maintenant enfermer l'enfant dans un asile d'aliénés, comme s'il devait « y expier le malheur d'avoir trompé la curiosité publique ». En 1801, il obtient que le petit sauvage, désormais prénommé Victor, lui soit confié, et entreprend de tenter tous les soins et toutes les méthodes possibles pour lui permettre de se développer. Il y travaillera pendant cinq ans, avec une bienveillance infinie et une persévérance qui feront l'admiration même de ses détracteurs.

En se lançant dans cette entreprise, Itard se fixe deux objectifs : accompagner la croissance de Victor pour lui permettre de retrouver une vie normale parmi ses semblables ; et, par là, prouver la validité de son hypothèse : « Sans la civilisation, [l'homme serait] un des plus faibles et des moins intelligents des animaux. » Sans éducation, suppose Itard, tout enfant resterait dans une immense pauvreté.

Pour partager le résultat de ses travaux, le médecin écrira deux rapports, après une première année, puis au bout de quatre ans d'efforts auprès de son protégé. On y lit, en même temps que la rigueur du scientifique, la curiosité de ce lecteur passionné des philosophes empiristes et son attachement touchant pour cet élève si particulier. Victor semble presque sourd, ne prêtant aucune attention aux sons les plus proches et les plus distincts : Itard cherche à le rendre sensible aux bruits, aux mots, aux signes. L'enfant est totalement apathique : il tente de lui faire exprimer ses émotions, ses plaisirs, ses tristesses.

Au terme de ces années d'accompagnement, Itard dresse un bilan mitigé de son entreprise : Victor ne retrouvera jamais une vie complètement normale. Il demeure évidemment marqué par cette enfance vécue dans une absolue solitude. Et pourtant, cette rencontre l'aura transformé. Le petit sauvage, qui ne savait même pas se reconnaître, a appris à distinguer ses sensations, ses émotions, et à les signifier à ses semblables, parmi lesquels il vivra paisiblement jusqu'à sa mort. Même si ce travail pédagogique a été trop tardif pour porter son plein accomplissement, il est désormais prouvé que la rencontre d'un adulte, et l'expérience de l'éducation, auront permis à l'enfant sauvage de prendre conscience de lui-même, d'apprendre la relation à l'autre, d'éprouver et de partager des sentiments... En un mot, Victor aura pu déployer cette humanité dont il semblait presque exclu, et qui pourtant sommeillait en lui.

Nécessité de la médiation

La figure de l'enfant sauvage vient manifester d'une façon singulière, au cœur même de la nature humaine, la nécessité essentielle de la culture. Le petit Victor était-il plus authentiquement lui-même pour avoir été coupé de toute influence extérieure ? Etait-il plus libre, plus spontané, plus naturel — plus humain ? De toute évidence, la réponse est non. L'être humain est par nature un être de culture : c'est par la rencontre avec ce qu'autrui lui transmet que s'accomplit son humanité.

A la grande déception du Paris rousseauiste, l'enfant sauvage, en ayant été préservé toute sa vie de la culture que ses semblables lui auraient transmise, n'a pas gagné en autonomie, en personnalité, en pureté de cœur et d'esprit. Pour avoir vécu à l'état sauvage, il n'est pas même resté plus proche de la nature — de sa propre nature. L'homme sans culture semble étranger à sa propre humanité. Pinel ne dit pas autre chose lorsqu'il décrit l'enfant sauvage comme un humain « dégradé », « déshérité »... La démonstration passionnée du docteur Itard ajoute à ce diagnostic le lien de causalité qui est au cœur même du problème : Victor était dégradé, parce que déshérité.

Bien sûr, cela paraît paradoxal. Comment se peut-il que ce qui reste à l'état naturel soit en fait dénaturé ? Voilà qui heurte la logique ordinaire ; dans le monde qui nous entoure, ceci n'est vrai que de l'homme. Pour le comprendre, il faut donc se pencher sur cette propriété si singulière de la nature humaine, que nous pourrions appeler le mystère de la médiation : parmi tous les êtres vivants, l'homme se distingue par le fait qu'il a besoin de l'autre pour accomplir sa propre nature. Pour le dire autrement, nous ne sommes pas immédiatement nous-mêmes, immédiatement humains. C'est là un caractère singulier de notre espèce : s'il n'existait qu'une seule différence fondamentale entre l'homme et l'animal, ce serait sans doute celle-là. Car l'animal est, contrairement à l'homme, un être d'immédiateté. Il ne s'agit pas de revenir ici à l'interminable débat sur l'inné et l'acquis, dont l'éthologie ne cesse de montrer qu'ils sont bien souvent indiscernables. Ce qui nous importe, c'est simplement de considérer ce mystère attaché à l'expérience humaine, cette fragilité qui marque nos vies : ce qui accomplit nos propres facultés, nous avons besoin de le recevoir de l'autre.

Même chez les espèces animales les plus développées, la nécessité et les effets de l'apprentissage sont infimes, relativement à ce qu'ils représentent chez l'homme. Les compétences que déploiera l'animal, de la plus simple à la plus sophistiquée, il les sait déjà sans qu'un tiers les lui ait enseignées. Le castor n'a pas eu besoin d'apprendre la structure complexe de son barrage, ni le canard l'ordonnancement minutieux de sa parade nuptiale, ni la cigogne la trajectoire de ses migrations. Il y a là d'ailleurs, pour l'homme, un secret énigmatique et fascinant : qui a prévenu les tortues de mer à peine écloses qu'elles doivent, lorsqu'elles sortent du sable chaud qui les couvait, se ruer vers l'eau pour échapper aux oiseaux de proie ? Comment le petit coucou gris, émergeant de sa coquille, sait-il qu'il faut au plus vite détruire les œufs pondus dans le nid étranger où il est né ? Poser ces questions à l'animal, ce serait évidemment faire preuve d'un anthropomorphisme maladroit... Nous ne pouvons que le constater : ces animaux possèdent déjà, dès l'instant de leur naissance, les aptitudes qui caractérisent chacune de leurs espèces.

Il n'en est pas de même pour l'homme, dont les capacités spécifiques ont besoin d'être développées par un apprentissage, où la présence d'autrui est indispensable. Sans cela, les facultés humaines restent de simples potentialités : l'éducation est nécessaire pour les rendre effectives. L'homme est, par sa nature, son organisme, sa structure cérébrale, capable de parler : mais il faut encore qu'il l'apprenne. Il est capable de penser : mais sa pensée ne se développe que progressivement, là encore par le moyen de ce qui lui sera transmis. Bref, toutes ses prédispositions supposent, pour être actualisées, une éducation. La situation de l'homme est singulière au point que les rares réflexes instinctifs que le bébé possède immédiatement, comme le fait de savoir nager par exemple, il les perdra dans les six premiers mois de sa vie, pour devoir les acquérir plus tard par l'apprentissage — comme s'il lui fallait s'éloigner complètement de l'animalité pour faire vraiment l'expérience de la nécessité propre à son espèce : après quelques années de croissance, le petit homme devra réapprendre à nager.

Cette différence spécifique se présente d'abord à nous comme une forme d'humiliation : elle nous condamne en effet à accepter notre dépendance envers autrui. Tout seul, je ne suis encore rien de ce que je pourrais être ; sans les autres, je ne deviendrai jamais moi-même. Comme le montre l'exemple de Victor, à l'homme abandonné échappe jusqu'à la conscience de lui-même. Ce dénuement radical est la marque singulière de notre nature. La condition de l'homme jeté dans le monde, c'est la nudité dont, seuls parmi les espèces vivantes, nous sommes conscients — le signe de cette fragilité essentielle, de cette déficience inscrite au cœur de notre expérience. « Pour ce que nous avons tous été enfants avant que d'être hommes », nous ne sommes pas nés autosuffisants. Avec Descartes, notre orgueil le déplore peut-être ; sans doute faut-il simplement le reconnaître et l'accepter : jamais immédiatement autonomes par nous-mêmes, nous resterons toute notre vie marqués par le manque, qui constitue la structure même de notre rapport au monde. L'homme est par nature un être nécessiteux ; et, au premier rang des nécessités qui l'affectent, se trouve la culture.

Repenser la culture suppose de préciser d'abord l'extension que nous donnons ici à ce terme. La culture désigne tout ce qui est ajouté à la nature. On pourrait penser de ce point de vue qu'elle s'additionne ainsi à une réalité déjà existante ; mais en affirmant que l'homme est par nature un être de médiation, nous reconnaissons que la culture fait advenir ce que nous sommes — que la culture est ce par quoi il nous est possible de rejoindre notre être propre, de nous approcher de lui. Nous comprenons alors qu'elle n'est pas un luxe réservé à une élite, un artifice pour privilégiés, mais au contraire un besoin fondamental de tout être humain. Ce que nous avons à en dire ne concerne donc pas une petite minorité : c'est pour chaque enfant, et plus largement pour chacun d'entre nous, qu'il faut parler ici.

La transmission de la culture revêt en effet une portée essentielle : ce qui est augmenté par elle, ce n'est pas l'acquis, l'avoir, le capital culturel de l'individu, mais son être même. La mission de l'éducateur n'est donc pas de charger sur les épaules de l'enfant le strict minimum d'un bagage qui lui sera nécessaire demain pour affronter la compétition économique. Réduire l'enseignement à une préparation à la vie professionnelle, c'est se méprendre sur sa mission propre et mépriser son ampleur réelle. En offrant à l'enfant la culture qu'il lui transmet, l'éducateur lui ouvre le chemin qui le conduira vers lui-même.

Cela suppose que cette médiation soit vraiment reçue, que l'enfant puisse la comprendre, au sens le plus fort de ce terme. Un apprentissage mécanique, machinal, désincarné, qui resterait encore à la surface de l'âme, se méprendrait lui aussi sur sa finalité authentique ; mais plus encore, sans doute, cette absolue illusion que constitue l'utopie numérique, lorsqu'elle nous fait croire qu'il n'est plus besoin d'apprendre, puisque tout le savoir est désormais stocké et partout accessible. Quelle incroyable erreur... La culture n'est pas un capital qu'on pourrait utiliser au gré des besoins. Elle ne prend toute sa valeur que lorsqu'elle est transmise, et qu'elle nourrit ainsi celui qui la reçoit. Avoir appris un poème et savoir le trouver sur le Web ne sont pas du tout la même chose : du poème que j'ai en mémoire, les vers habitent mon esprit et, en faisant écho aux situations que je traverse, ils me rapprochent de ma propre vie intérieure. Pouvoir trouver en quelques clics toutes les grandes dates des siècles passés ne nous dispense pas d'apprendre la chronologie de notre histoire : car la connaître, c'est pouvoir se situer dans le temps ; c'est comprendre, prendre avec soi, dans leur épaisseur propre, les périodes et les ruptures qui ont contribué à faire de nous ce que nous sommes, et ainsi mieux nous comprendre nous-mêmes.

On pourrait multiplier ces exemples à l'infini : la culture nous transforme, si nous acceptons de ne pas la laisser en dehors de nous, comme un stock gardé en réserve dont il faut éviter de s'embarrasser. En fait, le savoir n'est pas un contenu qui occuperait de la place dans le contenant de notre esprit. D'ailleurs, la mémoire humaine ne fonctionne pas comme celle de l'ordinateur, dont la taille limitée finit par saturer sous le poids des données. Chez nous, c'est l'inverse qui se produit : plus nous apprenons, plus il est facile d'apprendre. Plus la mémoire s'exerce, plus elle s'agrandit. La réciproque est, hélas, vraie aussi : moins on apprend, plus il est difficile d'apprendre ; moins on est poussé à se concentrer, plus l'attention devient fragile. Et lorsque notre mémoire n'est plus jamais sollicitée, elle demeure rétrécie et impuissante. Faites l'expérience d'apprendre un peu de poésie chaque jour : dans quelques mois, après avoir trouvé l'exercice difficile d'abord, vous vous découvrirez peu à peu des capacités de mémoire totalement insoupçonnées.

La culture nous transforme, donc, non pour nous faire devenir autres, mais pour nous conduire à nous-mêmes, pour nous augmenter de nos propres capacités et nous faire reconnaître ce que nous sommes. La décrire comme un capital, comme un bagage encombrant, c'est ignorer la réalité et la nécessité de cette médiation, qui dépasse de très loin la trivialité des compétitions sociales ; c'est la laisser au-dehors de nous et, ainsi, la perdre dans son efficacité essentielle. Pour la restaurer dans cette efficacité propre, il faut retrouver le sens de l'apprentissage et de son incalculable fécondité. Rien n'est plus beau que d'*apprendre par cœur*, c'est-à-dire de recevoir pleinement une parcelle de cet immense héritage qui reste toujours à comprendre. L'expression même manifeste, de façon lumineuse, l'unité de l'intelligence et de la sensibilité, augmentées ensemble de ce qui nous est transmis. Apprendre par cœur, c'est laisser un texte, une musique, un savoir nous habiter, nous transformer, élever et élargir notre esprit et notre cœur jusqu'à leur propre hauteur. De cette maturation, notre être même a besoin.

Si l'on veut bien y regarder de plus près, affirmer la nécessité de cette médiation nous renvoie à la fois à notre expérience la plus ordinaire en même temps qu'au plus grand des mystères. Cela signifie en effet que, contrairement à l'évidence intuitive, être soi-même n'est pas immédiat. Coïncider vraiment avec sa propre personnalité — être simple, être spontané, être *naturel* : voilà ce qui est suprêmement difficile et qui suppose une médiation. Cette énigme est illustrée de façon lumineuse par la devise bien connue de Pindare : « Deviens ce que tu es. » Quel but étrange que celui de tenter de devenir soi-même... Ne suis-je pas déjà ce que je suis ? Et si je parle de devenir, n'est-ce pas parce que je désire être autre que je ne suis ? Eh bien non ; dans les mots du poète, nous pouvons retrouver ce qui fait l'aventure de toute existence, parfois son accomplissement, et toujours son épreuve : chaque homme doit chercher au-delà de lui de quoi devenir authentiquement lui-même, pour déployer son humanité et conquérir, en même temps, sa propre singularité.

Cela, la culture seule le permet : le chemin entre moi et moi-même passe nécessairement par l'intermédiaire d'autrui, par la médiation de cet héritage que nous transmet une humanité qui, dans le travail des civilisations, s'efforce elle aussi vers elle-même et tente d'être toujours un peu plus humaine.

« Deviens ce que tu es »

La langue est-elle une prison ?

Pour le montrer, commençons par le premier lieu de cette médiation qu'est tout simplement le langage. Premier objet et vecteur fondamental de toute transmission, la langue aura été particulièrement visée par les soupçons et les accusations de la modernité, nous l'avons dit. Rousseau regrette que l'on doive si tôt apprendre à parler aux enfants, et il recommande de « resserrer le plus qu'il est possible leur vocabulaire » ; Bourdieu décrit le discours comme un lieu de domination, un habitus constitutif du capital culturel par lequel les classes populaires sont systématiquement reléguées à leur condition inférieure. Roland Barthes leur emboîte le pas d'une façon plus radicale encore dans sa leçon inaugurale au Collège de France (*Leçon,* 1977) : « Le langage est une législation », affirme-t-il. La langue, au principe de toute culture, oblige en effet à suivre des règles, une syntaxe, une orthographe, une grammaire ; son lexique particulier, résultat d'une histoire contingente, est comme un prisme qui s'interpose entre nous et le réel. En ce sens, parce qu'elle nous impose sa médiation, et la discipline qui la structure, la langue semble nous placer sous sa coupe. Elle nous emprisonnerait ainsi, sans que nous puissions nous en rendre compte : « Nous ne voyons pas le pouvoir qui est dans la langue, parce que nous oublions que toute langue est un classement, et que tout classement est oppressif. »

A bien y regarder, affirme Barthes, nous sommes donc opprimés par notre propre langue — piégés par ce qu'elle commande et par ce qu'elle exclut. Dans les mots qu'elle nous dicte, nous sommes contraints de faire entrer nos sentiments les plus intimes et l'histoire singulière que nous voulons écrire. Apprendre à parler, c'est écraser ce qu'il y a de vraiment personnel, d'unique, de nouveau en nous, pour le soumettre au vocabulaire réducteur, schématique et usé de cette culture qui nous précède. Prenons, avec Barthes, un exemple concret : pour parler de moi-même, dans la langue française, « je suis obligé de toujours choisir entre le masculin et le féminin : le neutre ou le complexe me sont interdits ». A cause de la langue, il est obligatoire de se déterminer, de s'enfermer dans une case. Et pour parler à quelqu'un, là encore, « je suis obligé de marquer mon rapport à l'autre en recourant soit au *tu*, soit au *vous* : le suspens affectif ou social m'est refusé ». Je suis contraint de faire un choix, d'accepter une distinction, de figer une identité, dans les mots et la discipline de ce langage qu'une culture m'impose. « Ainsi, par sa structure même, la langue implique une relation fatale d'aliénation. » De cette implacable dénonciation, Roland

Barthes tire une conclusion ramassée, provocante, destructrice : la langue est « tout simplement fasciste ».

La déconstruction de la culture, telle que nous l'avons retracée, semble s'accomplir dans cette simple phrase. La langue, cet outil dont je ne puis me débarrasser, contiendrait en elle-même mon emprisonnement dans un héritage culturel, ma réduction à l'uniformité, mon assujettissement totalitaire aux pouvoirs qui me précèdent. Parce qu'elle sert à communiquer avec les autres, elle est en effet forcément grégaire : elle impose que ceux qui la parlent soient tous ensemble « serviles » à son ordre arbitraire. Et lorsque j'apprends à la parler, je me trouve enfermé, à mon tour, dans « la grégarité de la répétition ».

L'accusation ainsi lancée rejoint, résume et accomplit Rousseau et Bourdieu, et avec eux plusieurs siècles de critique radicale. La liberté était, selon eux, aliénée par la culture ; Barthes ne fait que décliner cette opposition en l'appliquant à la langue, première forme de la culture : « il ne peut y avoir de liberté que hors du langage ». Etrange instant que celui où un professeur, au moment même où il atteint le sommet de la carrière universitaire, entreprend de détruire avec autant de violence le moyen même dont il se sert pour enseigner, le point de passage essentiel de toute médiation — cette langue, qui est pour chaque homme le premier des apprentissages et celui qui inaugure la vie de l'esprit.

« La langue est fasciste » : voilà la déclaration de guerre dont les échos se font entendre, ici ou là, dans les débats d'actualité. On en retrouve toute la violence, par exemple, dans l'impossible discussion sur les méthodes de lecture : cette question pédagogique est extrêmement difficile à évoquer, justement parce qu'elle dépasse de très loin le simple problème de l'apprentissage de la lecture ; s'il ne s'agissait que d'un désaccord technique, il ne déchaînerait pas tant de passions, de crispations et de résistances ! Dans les divergences qui se font jour à son sujet, on peut lire en fait un désaccord fondamental sur la nature même de l'enseignement et sur le statut de la langue.

Rappelons d'ailleurs, à cet égard, que la méthode dite « globale » a été élaborée pour la première fois dans le sillage des travaux de Rousseau, esquissée d'abord par Radonvilliers (*De la manière d'apprendre les langues*, publié en 1768), puis par Nicolas Adam (*La Vraie Manière d'apprendre une langue quelconque, vivante ou morte, par le moyen de la langue française*, 1779). Ovide Decroly, qui met au point de façon explicite la « méthode globale » au début du XXe siècle, est, lui aussi, profondément inspiré par l'*Emile*. Sa méthode d'enseignement — on parlera avec lui de « pédotechnie », ou de « pédologie » — dépasse d'ailleurs la simple question de la lecture : elle consiste à partir de l'intérêt qu'éprouve l'enfant pour les objets qui l'entourent, de sa capacité à leur trouver une utilité, à les faire jouer à son avantage — impossible de ne pas reconnaître là une inspiration clairement rousseauiste, et lointainement cartésienne... On s'appuiera donc à chaque étape sur la motivation de l'enfant, refusant de lui imposer un processus déterminé à l'avance qu'il devrait subir passivement sans en comprendre immédiatement le sens. Et c'est là la raison pour laquelle la méthode de lecture dite « syllabique » doit être écartée : le caractère mécanique du célèbre « b.a-ba » impose en effet à l'enfant d'apprendre, par la contrainte, ce qu'il ne comprend pas encore. Il faut au contraire, affirme Decroly, partir de lui, parler de lui, l'aider à identifier autour de lui ce qui lui plaît ou ce dont il a besoin ; finalement, il ne faut pas le faire travailler, mais l'accompagner dans ses progrès. Consciemment ou inconsciemment marqués par l'influence de l'*Emile*, des générations de pédagogues s'engouffreront à leur tour dans cette voie, en espérant éviter ainsi aux enfants de subir la discipline de l'apprentissage traditionnel, considéré comme machinal et autoritaire.

C'est ce principe de départ qui compte — et du coup, il ne saurait être question de rechercher une « efficacité », ou de mesurer les acquis. Pour ceux qui promeuvent ces nouvelles méthodes, leur résultat effectif n'importe pas : ce qui compte, c'est d'abord la révolution éducative qui les inspire, la volonté de transformer la relation de l'adulte à l'enfant pour libérer celui-ci du carcan qui lui était imposé. Aucune statistique, aucune évaluation ne pourraient mériter qu'on revienne sur ce principe fondamental. Au contraire : quand elles sont mesurées, les évolutions négatives sont le signe qu'il faut aller plus loin encore. On les interprétera simplement comme le signe que les enseignants n'ont pas achevé leur autocritique, qu'ils ne se sont pas assez adaptés ; et surtout, elles montreront que la culture en elle-même, et la langue en particulier, reste trop coercitive et trop discriminatoire.

Ainsi réagit la pédagogie contemporaine, depuis plusieurs décennies. Les débats autour de la maîtrise de la langue viennent régulièrement donner l'occasion de cette fuite en avant. C'est notamment le cas pour ce qui concerne l'écrit : toutes les observations récentes indiquent que le niveau des élèves en orthographe s'écroule littéralement. Dans un rapport publié en 2008[1], la Direction de l'évaluation du ministère de l'Education nationale relève que, en vingt ans, la proportion des enfants en très grande difficulté orthographique à la fin du primaire est passée de 26 à 46 %. Ce chiffre impressionnant vient confirmer un constat largement partagé, jusque dans le monde du travail. Devant cet aveu d'échec, remettra-t-on en cause les méthodes d'apprentissage de la lecture et de l'écriture ? Parviendra-t-on, tout simplement, à faire un inventaire réel des méthodes aujourd'hui appliquées et de ce qui fait leur faiblesse ? Absolument pas : lorsque la chute du niveau d'orthographe finit enfin par susciter un débat, c'est pour mettre en accusation... l'orthographe. Continuer à évaluer l'orthographe, n'est-ce pas enfermer l'écriture dans des attendus inutiles ? Finalement, au nom de quoi continuons-nous à torturer les enfants en leur faisant subir, à coups de dictées, de ratures à l'encre rouge et de points en moins, le carcan rétrograde et inutile des accords, des conjugaisons, des lettres muettes et des exceptions grammaticales ?

1. *Lire, écrire, compter : les performances des élèves de CM2 à vingt ans d'intervalle (1987-2007)*, Direction de l'évaluation, de la prospective et de la performance, ministère de l'Education nationale, décembre 2008.

C'est ce qu'écrit par exemple Gabriel Cohn-Bendit, professeur et pédagogue longtemps engagé en politique, dans un ouvrage récent consacré à l'école[1] : il y exprime sa révolte contre la souffrance que l'on inflige aux élèves, en les contraignant à adopter une écriture inutilement compliquée. « Aujourd'hui, assène-t-il, le combat important est d'abord et avant tout celui qu'il faut mener contre l'obsession orthographique. » Et pour ce faire, Gabriel Cohn-Bendit entreprend de dénoncer la véritable fonction de l'orthographe : il ne s'agit, affirme-t-il, que d'un moyen inventé pour disqualifier les moins savants — c'est-à-dire les moins favorisés — et les dissuader de s'exprimer. De même que la culture est discriminatoire, l'orthographe est un outil d'exclusion ; sa complexité n'a été élaborée que pour donner des complexes. La conclusion s'impose alors d'elle-même : il faut se délivrer de l'orthographe, libérer l'écrit, laisser chacun transcrire sa parole comme il le veut, de façon purement phonétique s'il le souhaite. « Si l'on pense avoir quelque chose à dire et à écrire, il faut le faire, même si l'on fait des fautes. Etre bon en orthographe n'est une preuve de rien. »

Là encore, nous retrouvons l'écho des travaux de Bourdieu, non seulement dans l'affirmation que la culture sert l'exclusion, mais aussi, et peut-être surtout, dans cette idée qu'elle n'est « une preuve de rien ». La culture n'est qu'un ajout, quelque chose qui s'additionne à une pensée, à une personnalité déjà faite, sans

1. Gabriel Cohn-Bendit, *Pour une autre école. Repenser l'éducation, vite !*, Autrement, 2013.

lui apporter rien d'autre qu'une caution sociale superficielle. « L'orthographe est secondaire, » affirme Gabriel Cohn-Bendit. Secondaire, parce qu'elle ne concerne que la transcription d'un propos, la communication d'une idée déjà prête, sa mise en forme écrite ; et, solennellement, notre auteur affirme haut et fort que « le contenu est plus important que la forme ».

Altérité et singularité

Cette analyse est, me semble-t-il, totalement erronée dans son principe même ; et ceci, nous pouvons le comprendre à travers ce que nous avons tenté de montrer sur la nécessité de la culture d'une manière générale. Non, la langue n'est pas secondaire. Avec elle, nous pouvons vérifier qu'il est profondément absurde de décrire la culture en général comme un « acquis », un ajout à notre personnalité. Les mots ne sont pas des outils qui s'ajoutent à notre pensée : ils sont ce dans quoi elle peut naître.

De ce point de vue, il est impossible de rejeter la langue comme un simple artifice contingent — ni la langue telle que nous la parlons, ni même sa grammaire, sa syntaxe et son orthographe arbitraires. Avec ses règles et ses contraintes, la langue est ce dans quoi prend forme une pensée, le rythme qui la structure, l'exigence qui la pousse vers son aboutissement. La gêne même qu'elle nous impose est ce qui donne corps à nos idées. L'orthographe, par exemple, est nécessaire — et pas simplement pour réussir en société : elle est nécessaire pour penser.

Gabriel Cohn-Bendit écrivait : « Je préfère un texte riche de sens mais plein de fautes. » Toute l'erreur est contenue dans cette distinction illusoire : car comment ne pas constater que la dysorthographie, qui frappe tant d'élèves, freine la réflexion et appauvrit le propos par la confusion qu'elle suscite dans l'esprit ? Il suffit de lire un travail écrit en philosophie pour comprendre qu'une écriture phonétique altère, non pas simplement la qualité formelle de l'orthographe, mais la clarté même de la pensée. Un élève qui écrit indifféremment « est » et « ait » mesure-t-il clairement, par exemple, la différence entre être et avoir ?

Et à l'inverse, la racine d'un mot, toute l'histoire qu'on peut lire dans la façon dont il s'écrit, n'est-elle pas un indice souvent précieux de sa signification ? Bien sûr, cette histoire est contingente, accidentée, singulière ; bien sûr, une même idée aurait pu se traduire de façon différente dans la diversité des langues possibles. Mais toute langue, malgré ces contingences, ne nous livre-t-elle pas un sens avec sa forme, par sa forme, et dans la chair même de ses mots ?

Apprendre l'orthographe, c'est rejoindre cette histoire, cet immense héritage de significations, qui est paradoxalement nécessaire à la naissance de nouvelles idées. Il faut une langue pour penser — un langage, avec sa discipline, ses contraintes et son lexique commun et imparfait. Il faut une langue pour nous obliger à expliciter, fût-ce pour notre propre conscience, nos perceptions et nos intuitions. Il faut une langue pour dire ce que nous sommes et ce qui nous entoure.

La langue nous est nécessaire, non pas seulement pour exprimer, mais même pour vivre notre propre vie intérieure : là encore, il serait faux de croire que le langage est « secondaire ». La variation de nos émotions, nous ne pouvons la percevoir véritablement qu'à travers le nuancier d'un vocabulaire aussi étendu que possible. C'est là encore dans les mots dont s'enrichit notre lexique que se dessine, pour notre propre conscience, la palette de nos sentiments. Il faut un vocabulaire développé pour apprendre à ressentir, dans nos émotions, les variations qui distinguent « aimer », « estimer », « apprécier », « admirer », « affectionner », « adorer », « chérir », « aduler »... L'enjeu du vocabulaire n'est pas seulement la précision de la parole : sans la diversité de ces mots, non seulement nous ne pourrions pas nous exprimer avec justesse, mais il est même certain que nous serions incapables de reconnaître, en nous-mêmes, la singularité de nos propres sentiments.

Non, le langage n'est pas secondaire ni accessoire : il est primordial et essentiel, au sens où il touche à notre être même. Cette perspective permet de mieux comprendre la situation dans laquelle se trouve l'enfant sauvage : privé de toute culture, privé du langage, Victor de l'Aveyron n'était pas seulement empêché par là de communiquer avec ses semblables. Il n'avait tout simplement rien à communiquer : il était privé de sa capacité de penser, d'observer, et de sa propre vie intérieure. Sans culture, notre nature, notre organisme sont impuissants à nous faire reconnaître les objets qui nous environnent — et le sujet que nous sommes : sans le langage, il manque à l'enfant sauvage, nous l'avons vu, jusqu'à la conscience de lui-même. Il faut des mots pour penser ce qui est, et pour se savoir être. Ce qui paraît le plus immédiat est, en fait, le fruit d'une médiation : pour connaître le monde, et même pour être soi, il nous faut les mots des autres.

Car les mots sont initialement étrangers : c'est de l'extérieur qu'ils me viennent. De cet autre qui me parle ou qui m'enseigne, de cette histoire qui nous précède : toute langue est une rencontre avec l'altérité. Et cette rencontre, je commence toujours par la subir. Il suffira pour s'en convaincre de penser à ce mot primordial, ce son qui précède tous les autres, le prénom qui nous est donné. Nommer : acte culturel par excellence, dont le tout-petit est l'objet passif. Nous pourrions, en postmodernes, nous indigner contre l'acte de tyrannie, la décision arbitraire, l'assujettissement premier, qui veut que notre nom nous ait été imposé par nos parents, et par toute une histoire qui les précédait. Nous pourrions reprocher aux adultes l'abus de pouvoir qui consiste à choisir seuls un nom qui leur plaît, et exiger que soit reconnu désormais le droit de toute personne à choisir librement son nom ; peut-être y viendrons-nous bientôt...

Mais ne serait-il pas plus sage au contraire de reconnaître la nécessité de ce don premier qu'est le nom, propre et malgré tout commun, particulier et contingent, dans le creux duquel est née, progressivement, la conscience que nous avons de nous-mêmes ? Pour n'avoir pas reçu de prénom, l'enfant sauvage n'est pas préservé dans sa liberté absolue : au contraire, il est rendu incapable de concevoir jusqu'à sa propre identité. Pour avoir été préservé du vocabulaire contingent, résultat d'une histoire particulière mûrie et transmise par chaque langue, il ne devient pas plus universel ni plus spontané ; son émotion n'apparaît pas, pure et transparente, à sa conscience. Au contraire : il lui est impossible de la percevoir.

D'une façon moins absolue bien sûr, mais sans doute tout aussi tragique, les jeunes qui subissent aujourd'hui l'appauvrissement massif du vocabulaire contemporain me font penser au petit Victor, comme lui « déshérités » et privés d'eux-mêmes. Quand « aimer », « estimer », « apprécier », « admirer » sont invariablement remplacés par « kiffer », le problème n'est pas seulement que l'expression perd sa précision, mais surtout que l'émotion perd sa richesse. Ce n'est pas la communication, ce sont le cœur et le regard qui, incapables d'éprouver la nuance et de percevoir la singularité, se rétrécissent, se répètent, et se trouvent finalement écrasés sous le poids de l'uniformité.

Bien sûr, c'est un fait, les mots nous sont toujours communs ; et parler, de ce point de vue-là, c'est nécessairement entrer dans une généralité toujours approximative, dans cette « grégarité » que déplorait Barthes. Nous pensons toujours avec les mots des autres ; ainsi, l'altérité se trouve inscrite à la racine de l'idée la plus personnelle. Nous trouvons là l'occasion de reconnaître une constante et essentielle interaction : penser suppose, d'emblée, une relation à l'autre. L'idée se constitue dans les mots qui serviront à la partager ; et cette discipline que la langue lui impose est une garantie de sa clarté, une exigence qui l'oblige dès l'origine à se rendre consistante et cohérente. Cette interaction donne toute sa portée à la question posée par Kant (dans *Qu'est-ce que les Lumières ?*) : « Penserions-nous beaucoup, et penserions-nous bien, si nous ne pensions pas pour ainsi dire en commun avec d'autres, qui nous font part de leurs pensées et auxquels nous communiquons les nôtres ? »

Mais cette interaction est aussi l'occasion d'une difficulté. Comme le remarquait Bergson, il y a, dans les fonctions de la parole, une tension intrinsèque entre l'expression et la communication. Parce que la langue sert à nous exprimer, elle devrait être à chaque instant totalement nouvelle, pour dire ce que nous vivons d'unique ; mais parce que cette expression a pour but un échange, la langue doit nous être commune. Sa nécessaire banalité dégrade alors forcément la singularité de ce que nous aurions voulu exprimer. Même notre vie intérieure peut en être appauvrie, affirme Bergson ; c'est d'ailleurs le signe qu'elle est tout entière faite de mots, tissée par le langage.

Quel est alors le remède à cette nécessaire pauvreté ? La solution n'est pas de fuir la langue, au contraire : c'est de la cultiver. D'enrichir le plus possible notre vocabulaire pour ajuster, autant qu'il nous le permettra, le mot à l'émotion, la parole à son objet. De fréquenter la poésie, le roman, l'infini travail de la littérature, pour entendre dans les mots, chaque fois redécouverte, la nuance nouvelle dont un écrivain les enrichit. De rencontrer le théâtre, la danse, la musique, pour faire l'expérience de ce que le corps, le geste, et la matière même du son peuvent apporter de lumière à l'expression de notre sentiment, et à la conscience que nous en avons.

Bref, le remède à la pauvreté inhérente à toute culture, c'est la culture elle-même, et non sa fuite. Que peut bien vouloir dire la promesse d'une liberté « hors de la langue », d'une liberté affranchie de la culture ? C'est de la langue que nous avons besoin, non pas seulement pour transmettre ce que nous pensons, mais pour penser ; la culture nous est nécessaire, pour exprimer nos émotions, mais aussi pour les éprouver. Et plus nous pourrons, notre vie durant, nous enrichir de ce que l'autre nous transmet, à travers cette culture dont nous héritons, plus nous serons capables de nous approcher de nous-mêmes afin de conquérir notre propre singularité.

La fin du livre

On comprend mieux, alors, combien il est absurde d'opposer, comme deux critères de mesure, les « acquis » culturels et l'originalité de la personne. Comme si la familiarité avec la culture était totalement distincte de la capacité à réfléchir ; comme si la culture était ajoutée après coup à une pensée autonome, autosuffisante, déjà constituée. Comme si, même, la culture reçue et apprise devait s'opposer au développement d'une réflexion personnelle, alors qu'elle en est précisément la condition première…

Prenons l'exemple de la pratique de la philosophie : le discours commun, on l'a dit, oppose souvent le fait de lire des auteurs à la possibilité de penser par soi-même. « Lire des auteurs » signifierait perdre son originalité, devenir dépendant de la pensée des autres. Dans le culte de la spontanéité, un objet concentre ainsi à lui seul tout le rejet de la transmission : le livre est nécessairement, si la culture est une cause d'aliénation, l'ennemi à abattre. Il incarne en effet, de façon radicale, la fixité d'un contenu qu'il nous faut absorber passivement. Le livre n'est pas participatif : ce qu'il nous présente, nous avons seulement à le recevoir. Figé sous la plume de son auteur, il n'est pas interactif. Et pour cette raison, il n'est absolument pas égalitaire : si nous acceptons de le lire, c'est parce que nous reconnaissons qu'il a quelque chose à nous apprendre. Lire un livre suppose donc de se plier à l'autorité de son auteur. Bref, le livre devait être une cible de choix pour tous ceux qui ont voulu libérer l'homme en déconstruisant la transmission. On se souvient bien sûr ici de l'interdit rousseauiste : Emile, pour rester pur de toute influence extérieure, doit d'abord être protégé des livres, qu'on lui interdira d'approcher jusqu'à sa maturité.

Car il vaut mieux, pour raisonner clairement, compter sur son bon sens que sur « les sciences des livres » : en décidant de fuir les bibliothèques pour chercher le savoir en lui-même, et dans « le grand livre du monde », Descartes inaugurait cette opposition décisive entre le poids de la culture et la liberté d'une pensée neuve et originale. Le fardeau du capital culturel pèse lourd — il pèse le poids mort de ces milliards de pages imprimées, de ces volumes que l'humanité stocke et traîne derrière elle comme un patrimoine inutile. Le livre est discrédité par le discours commun qui oppose la pesanteur de la culture à la fraîcheur de la pensée. Combien de fois avons-nous entendu qu'il valait mieux épanouir sa personnalité par l'action, par la vraie vie, plutôt que de se perdre dans l'effort rébarbatif qu'impose la lecture ? Que quelques voyages valaient tous les ouvrages, et qu'il valait mieux faire son expérience par soi-même au lieu de trouver dans les livres une existence par procuration ?

Et pour finir, voilà que ce fossile pesant qu'est le livre semble définitivement périmé par les promesses de la dématérialisation numérique. Dans notre monde d'immédiateté, parachevé par l'omniprésence de la technologie, il nous est devenu incroyablement difficile de consacrer à la lecture la concentration minimale que requiert le chemin qu'elle nous propose. Un livre, en effet, est un itinéraire : il faut du temps pour le parcourir. C'est là d'ailleurs sa grande différence avec l'image, qui se laisse saisir dans l'instantanéité d'un regard. Pour recevoir ce que nous pouvons trouver dans un texte, il faut le suivre ligne à ligne. Or, l'épaisseur de la durée que suppose cette linéarité du livre est désormais notre pire ennemie : obsédés par la vitesse, nous ne cessons de rendre toujours plus rapide l'accès à l'information, par la performance accrue des réseaux partout disponibles.

La lecture se trouve en fait à l'exact opposé de la logique informatique : elle semble déjà appartenir à l'histoire de l'information. La pratique du présent, c'est le téléchargement de données, dont nous voudrions réduire à néant la durée, afin de parvenir enfin à cette immédiateté qui nous obsède. Disposer de toute l'information, partout, tout de suite, à portée de clic — et diminuer sans cesse le nombre de ces clics et le temps nécessaire avant d'arriver au but : voilà l'utopie contemporaine et l'objectif que nous nous sommes fixé. Il faudrait que le but soit toujours déjà là, que toute distance soit supprimée. Dans cette course de vitesse, le livre a perdu d'avance ; car la distance, c'est l'être même du texte : la valeur de la lecture ne réside pas dans le fait d'arriver au point final, mais dans le chemin que l'on suit vers lui depuis le premier mot. C'est dans sa fin, atteinte la plus vite possible, que le téléchargement réussit ; c'est dans son processus, et dans le temps qu'il représente, que la lecture prend son sens. Tendre vers l'immédiateté, ou prendre le temps de la médiation : notre époque semble avoir choisi.

De façon très concrète, l'instantanéité de notre univers d'informations continues nous rend à peu près incapables de l'attention patiente que représente la lecture. Le livre n'est plus abordable qu'à la condition de ne demander aucun effort. Mes collègues enseignants en français me l'ont d'ailleurs souvent expliqué : pour obtenir que les élèves lisent un ouvrage — un exercice généralement rare —, il faut leur proposer par avance de sauter les pages qui ne les intéresseront pas immédiatement. Pas d'ennui, pas d'effort : si on ne se plie pas à cette condition initiale, le livre ne sera pas lu du tout. Le résultat est évident : après sept ans de secondaire, une importante majorité des élèves arrivés en terminale n'ont jamais vraiment lu un livre en entier. Des plus grands textes de la littérature, ils ne connaîtront, au mieux, que la déclinaison en images : pour la plupart des lycéens français, *Cyrano de Bergerac* est un film avec Gérard Depardieu, et *Les Misérables* une comédie musicale.

Ils ne sont pas les seuls à être devenus étrangers au livre. Je le constate autour de moi, et en moi-même : ma génération semble avoir abandonné la pratique d'une lecture un tant soit peu exigeante – c'est-à-dire tout simplement extérieure à la production commerciale d'une littérature facile, accessible sans efforts, consommable exclusivement pour le plaisir. Il suffira de consulter les statistiques annuelles des ventes d'ouvrages en France pour s'en convaincre... On impute généralement cette rupture à la révolution numérique et à l'immédiateté désormais exigée par l'attention zappeuse de la « génération Y ». Sans doute le lien est-il réel ; mais l'abolition des distances par la technologie n'a fait qu'accomplir un basculement contenu dans l'essence même de la postmodernité : il était inévitable qu'une société qui refuse la transmission finisse par condamner le livre – sauf lorsqu'il ne nous promet qu'un pur divertissement. Le culte de l'immédiateté ne pouvait qu'aboutir à la promotion de l'instantanéité de l'image et à la disqualification du texte, dès lors qu'il a l'ambition de dépasser les 140 caractères d'un tweet. Finalement, la technologie n'a fait que se mettre au service d'un bouleversement de civilisation, dont nous sommes très loin d'avoir perçu toutes les conséquences.

De ces conséquences, que peut-on déjà pressentir ? Si nous nous délivrons des livres, aurons-nous plus de chances d'être libres, d'être neufs — d'être nous-mêmes ? Rien n'est moins sûr. Rappeler la nécessité essentielle de la médiation, c'est signaler l'ampleur réelle de ce que nous perdrons en abandonnant le livre. Car là encore, l'opposition établie entre la culture et la liberté est dénuée de sens. Reprenons l'exemple de ce discours commun qui voudrait qu'il faille, en philosophie, apprendre à penser par soi-même plutôt que de lire des auteurs. L'itinéraire de n'importe quel lecteur témoigne de l'absurdité de cette opposition factice : toute l'expérience de la philosophie montre en effet que c'est en lisant ce que d'autres ont écrit que nous pouvons développer une pensée personnelle. Après avoir étudié Pascal, Nietzsche et Kierkegaard, nous devenons bien plus libres dans notre rapport à la question de la foi. Nous gagnons en maturité et en indépendance vis-à-vis du politique en ayant lu Platon et Aristote, Machiavel et Hobbes. Smith ne nous rend pas obligatoirement libéraux, ni Marx communistes : mais chacun de nous peut trouver, en les rencontrant dans leurs recherches, l'occasion d'une pensée plus personnelle sur le travail et l'argent — d'une réflexion plus originale, en même temps que moins susceptible d'être influencée et manipulée.

De façon paradoxale, c'est exactement l'expérience qui est en train de se produire dans la réflexion que nous partageons ici : lire Descartes, Rousseau et Bourdieu, devenir héritiers de leurs travaux ne nous condamne pas à les répéter de manière uniforme. Au contraire : à leur contact nous gagnons l'occasion stimulante d'une conception plus réfléchie, plus approfondie, plus libre sur la signification de l'acte éducatif. Et, en dernier ressort, nous sommes poussés par leur propre effort à dépasser les préjugés du discours ambiant, pour construire une pensée qui soit, finalement, vraiment personnelle.

En augmentant par la lecture notre capacité de distance et de liberté, nous ne faisons d'ailleurs que retrouver leur propre expérience. Où en effet avaient-ils eux-mêmes alimenté la liberté de leur effort critique ? Les grands adversaires de la transmission, les détracteurs du livre auraient-ils été capables de mûrir un combat aussi singulier, aussi indépendant, aussi radical s'ils n'avaient pas été chacun, comme l'écrit Descartes, « nourri aux lettres dès [leur] enfance » ?

En réalité, rien n'est plus fécond, pour faire croître une liberté nouvelle, que la rencontre avec le livre. L'homonymie du mot *liber*, qui veut dire en latin à la fois « libre » et « livre », n'a rien d'insignifiant. Dans cet objet si simple en effet, nous trouvons concentrée l'essence même de la médiation. Le livre est un chemin, qui nous force à sortir de nous-mêmes — le signe en est l'effort qu'il exige de nous. Mais si nous sommes ainsi conduits au-dehors de nous-mêmes, c'est pour mieux nous y trouver. Etre soi-même n'est pas immédiat : et l'effort qu'il faut faire vers soi-même, pour former sa propre pensée, atteindre sa propre singularité, c'est tout le travail de la culture — et c'est, en particulier, le plus grand bénéfice que nous puissions tirer de la lecture. Le meilleur des livres est celui qui ne se contente pas de me procurer un plaisir en venant satisfaire mon attente : au contraire, il la surprend, la dépasse, me tire hors de mon état initial ; et c'est en me dépassant, à sa lecture, que je m'approche de ce que je suis, de ce que je pense, ressens et vis. Par son ouvrage, l'auteur ne m'offre pas qu'un divertissement : il augmente en moi ma propre liberté — il m'augmente de moi-même, pourrait-on dire. C'est d'ailleurs là le principe même de son autorité : l'*auctor* est celui dont le propre est d'*augere,* d'« augmenter ». Ce que l'auteur faire croître en moi, ce n'est pas seulement un contenu de savoir, une quantité de culture, un capital à entretenir, mais l'être même que je suis.

Sous l'apparence d'un objet figé, inerte, statique, le livre est donc le lieu d'une croissance continuelle. Nous le savons bien, le contact d'un lecteur avec une grande œuvre est une rencontre unique, chaque fois singulière ; jamais deux personnes ne reçoivent d'une façon identique le « contenu » d'un roman, d'un poème, d'un texte de philosophie — et jamais, en la reprenant, on ne relit la même œuvre de la même manière. C'est toujours un événement unique qui s'opère, parce que celui qui vient à la rencontre d'un texte s'y trouve saisi, dépassé, élevé, et finalement révélé, avec toute la singularité de ce qu'il est, dans le moment particulier de cette rencontre. Dans cet événement, comment pourrait-on encore distinguer l'œuvre du lecteur, le « contenu » du « récepteur » ? Il est chaque fois nouveau. Et, chaque fois, l'œuvre se trouve augmentée de la nouveauté de cet événement, de la croissance qu'elle suscite. Travaillant sur l'interprétation, dans *Vérité et Méthode,* Hans-Georg Gadamer compare l'œuvre à un jardin : le jardin en effet, comme acte de culture, a un auteur. Dans les lignes de ses allées, de ses courbes, de ses massifs, dans le choix des espèces et le mariage des éléments, il faut lire le travail du jardinier, dont on reconnaît en marchant le style et le caractère. Mais ce jardin, quand bien même il aurait plusieurs siècles d'histoire, demeure une réalité vivante, un lieu de croissance et de création continuées. Il en est ainsi d'un grand texte, qui s'anime à chaque lecture de l'intonation nouvelle qu'y trouvera celui qui le lit : l'œuvre est le lieu qui stimule notre propre sensibilité. Elle est donc un lieu vivant, ouvert à un développement sans cesse renouvelé. Comme elle, la culture est le seul héritage qui s'accroît à mesure qu'il est transmis, qui grandit par le fait même d'avoir été donné – tout le contraire d'un capital, qui se divise aussitôt qu'il est partagé.

La fécondité du travail de l'auteur réside en effet dans l'occasion de cette singularité dont il augmente chaque lecteur au fur et à mesure de son itinéraire dans l'œuvre. Son autorité n'est pas l'aliénation, mais l'occasion de notre liberté. Le livre nous donne ainsi de comprendre ce qu'est l'héritage culturel, cette médiation essentielle par laquelle nous recevons d'autrui de quoi rejoindre notre propre nature. La lecture est le plus décisif des voyages, le chemin le plus favorable pour qui veut progresser vers sa propre liberté, et l'occasion de vivre la seule véritable aventure de l'existence : celle qui consiste à devenir soi-même.

Culture ou barbarie

Il est donc littéralement absurde d'opposer la culture à la liberté, comme si la première devait être le poids mort de la seconde, l'occasion de l'appesantir et de l'aliéner. Et d'ailleurs, les dictatures le savent trop bien, qui, pour combattre la liberté, ont toujours commencé par s'attaquer à la culture... Barthes a beau affirmer que « la langue est fasciste », il trouve, contre son propre argumentaire, le témoignage de tous les fascismes réels. La langue, avec l'héritage culturel et intellectuel qui ouvre notre pensée à sa propre indépendance, voilà précisément les premiers ennemis du totalitarisme. A peine arrivé au pouvoir, c'est de cet ennemi que Hitler se préoccupe, en organisant, avec un soin minutieux, les grands autodafés de mai 1933, dans toutes les villes universitaires d'Allemagne. Brûler des livres : cette déclaration de guerre à la culture est l'acte de naissance du pouvoir nazi. Des milliers d'étudiants sont enrôlés dans ce geste politique décisif, qui ne doit rien au hasard : pour aliéner un peuple, il faut lui faire regarder la culture comme une cause de dégénérescence. On se souvient du mot de l'obscur militant hitlérien Hanns Johst, mot devenu célèbre pour avoir été repris par plusieurs dignitaires nazis — dont le dirigeant des Jeunesses hitlériennes, Baldur von Schirach : « Quand j'entends le mot culture, je sors mon revolver... »

La dictature s'annonce lorsque ce soupçon commence à enfermer les hommes derrière les barreaux d'une grille de lecture exclusive. Lorsque, la culture étant soupçonnée de pervertir les hommes, on ne répond pas à l'intellectuel par l'intelligence, mais par l'autodafé — matériel ou symbolique. Lorsque l'opinion d'un auteur, quelle qu'elle soit, suffit à rendre son travail irrecevable ; et, plus grave encore, lorsque la culture se trouve enfermée de l'intérieur par le poids des normes qui pèsent sur elle. La dictature commence lorsque l'œuvre d'art elle-même finit par se réduire aux buts qu'elle se laisse dicter par une idéologie : car c'est le propre d'une dictature que de dicter ce qui doit être dit, fût-ce pour prédire des lendemains qui chantent.

Que la culture soit traversée à chaque instant par des engagements politiques, par des partis pris et des rapports de force, cela est bien sûr évident. Mais le propre d'une culture vivante, c'est que l'actualité de sa langue, de ses normes et de ses œuvres dépasse de très loin le contexte immédiat de ces jeux de pouvoir. Il y a dans la *Pietà* de Michel-Ange beaucoup plus qu'un projet de tombeau pour Charles VIII. Le Nôtre, dessinant les jardins de Versailles, élabore un monde de significations, et non pas seulement une stratégie de propagande à la gloire de Louis XIV. Et si nous lisons *La Comédie humaine* avec un intérêt toujours nouveau, c'est que le récit de Balzac dépasse de très loin le panégyrique du christianisme qu'il pensait écrire. C'est cette actualité séculaire, la fraîcheur de ce présent venu de loin, qui font de ces héritages — l'œuvre, le texte, la langue — les lieux d'une création continuée, d'une nouveauté qui reste sans cesse à explorer. C'est aussi cette actualité qui fait de la culture l'occasion offerte à chacun pour la croissance de sa liberté.

A toutes les époques revient la même tentation : celle de déconstruire la culture, d'en refuser la vie toujours présente au nom de considérations inactuelles. C'était choisir la mort de l'intelligence que de brûler les textes de Heinrich Mann et de Stefan Zweig au nom de « l'esprit allemand ». Au soir des grands autodafés, Goebbels déclarait que l'homme de demain devait être, « non un homme du livre, mais un homme de liberté. ». Ne croyons pas que nous soyons aujourd'hui préservés de cette tentation : un anachronisme destructeur vient souvent fournir de superficielles justifications à notre refus de l'héritage, à notre révocation de la transmission. Combien d'œuvres condamnerons-nous à notre tour, enfermés dans l'absurde prétention à l'exclusivité de nos préjugés du jour ? Quels continents de la culture et de la langue ne sommes-nous pas prêts à déconstruire au nom de notre modernité suffisante ?

Réfléchir sur cette médiation essentielle que constitue la culture, c'est comprendre que nous n'avons rien à gagner à la déconstruire, même animés par les meilleures intentions possibles. Révoquer notre héritage, ou le purger en fonction des considérations à la mode, c'est détruire le seul lien qui puisse nous conduire vers notre propre liberté, personnelle et collective. Car cette liberté n'est jamais acquise d'avance : l'être de médiation qu'est l'homme n'est pas libre immédiatement, n'est pas lui-même immédiatement — n'est pas immédiatement humain. De ce point de vue, il n'est pas anodin que l'apprentissage des langues et de la littérature ait longtemps été désigné sous le beau nom d'« humanités ». S'attaquer à la culture, c'est en fait le plus sûr moyen de s'attaquer à l'humanité même de l'homme. Ainsi s'éclaire cette incroyable prophétie lancée par Heinrich Heine : « Là où on brûle des livres, on finit par brûler des hommes » (*Almansor*, 1821).

De fait, la déshumanisation de l'homme commence par sa déculturation, son arrachement à la culture. Dès lors que la culture, la langue, ce que nous recevons de ce qui nous précède, sont regardés avec soupçon comme ce qui aliène l'homme ou le fait dégénérer ; dès lors même que nous considérons simplement n'avoir pas besoin d'un héritage que nous pouvons aisément balayer, nous entrons dans cette déculturation, où nous perdrons finalement jusqu'à la conscience de notre propre humanité.

Voilà exactement, me semble-t-il, l'erreur absolue que nous sommes en train de renouveler. Nous avons prétendu libérer les plus jeunes du poids inutile de l'histoire et du savoir ; nous avons interdit aux parents et aux enseignants de transmettre ce que eux-mêmes avaient reçu. Nous avons orienté l'école vers le pur impératif pratique d'une préparation à l'orientation professionnelle — et ainsi fait perdre son sens à l'expérience gratuite de la rencontre avec la culture, sous toutes ses formes, que l'enseignant devait offrir. Cette rencontre avec la culture, nous l'avons reléguée au rang d'un simple divertissement accessoire, ou d'une stratégie sociale. Pour le reste, nous sommes heureux que nos successeurs n'aient plus rien à apprendre, puisque tout est stocké pour eux dans la mémoire informatique, infiniment et immédiatement disponible. Délivrés désormais de l'archaïsme de l'héritage, ils peuvent construire leur vie par eux-mêmes, seuls, sans rien devoir à personne. Bref, notre modernité triomphante a bien accompli la déconstruction libératrice qu'elle s'était donné pour but : plus de tradition, plus de transmission, plus de médiation.

Et voilà qu'aujourd'hui nous nous inquiétons des conséquences de nos propres choix : nous avons demandé aux enseignants de ne plus enseigner, de se contenter d'organiser les conditions d'apprentissage de leurs élèves — et maintenant nous n'arrivons pas à croire que « le niveau baisse » ? Nous avons décrété que la langue était fasciste, la littérature sexiste, l'histoire chauvine, la géographie ethnocentrée et les sciences dogmatiques — et nous ne comprenons pas que nos enfants finissent par ne plus rien connaître...

Mais surtout, nous ne voulons pas voir que ce défaut de transmission est une faute contre la culture et un crime contre l'humanité — un crime contre ce que nous sommes, contre l'humanité qui s'abîme en nous-mêmes. Que restera-t-il de l'homme en effet quand toute la culture aura été déconstruite ? Il restera la barbarie. Ce mot, les Grecs de l'Antiquité l'utilisaient pour désigner les peuples qu'aucune civilisation ne semblait avoir humanisés ; sans doute ces peuples parlaient-ils simplement des langues encore inconnues pour eux. Mais ce mot garde une actualité : il exprime la situation de l'homme qui, par ignorance, serait empêché d'user pleinement des facultés qui caractérisent l'humanité. Le propre du barbare, c'est qu'il n'a rien reçu pour accomplir sa propre nature. En particulier, il n'a pas hérité d'une langue qui lui permette de déployer sa capacité à parler, à entrer en relation avec l'autre : la sonorité même de l'adjectif « barbare » (*bárbaros*) évoque le caractère inarticulé des sons que produit la voix lorsqu'elle est privée de mots. Or, à celui qui n'a pas reçu de mots pour s'exprimer, il ne reste plus que la voie de la violence. La brutalité de la barbarie : voilà tout ce qu'il reste de l'homme quand il a déserté la culture.

Notre société est contradictoire lorsqu'elle dénonce la transmission tout en s'inquiétant de voir resurgir la barbarie. Devant le résultat de sa propre déconstruction, elle est aussi surprise que le Tout-Paris rousseauiste le fut en découvrant le petit Victor. Comme les curieux déçus devant l'enfant de l'Aveyron, nous regardons souvent avec amertume et colère les défauts trop visibles des générations présentes, et nous cherchons à quel vice attribuer chez eux la violence que nous voyons partout monter. Mais qu'avions-nous espéré, au juste ? Que discréditer toutes les autorités nous conduirait à la liberté ? Que l'oubli de notre histoire ferait de nos enfants des hommes neufs ? Que les délester de la culture les rendrait plus naturels ? Nous avons déconstruit la transmission, mais sans partager la cohérence lucide de Rousseau. Le pédagogue de l'*Emile* savait, lui, ce que deviendrait son élève une fois privé de la culture : « un sauvage fait pour habiter dans les villes ».

L'expérience contemporaine d'une forme de sauvagerie confirme ce que nous avons entrevu de la nécessité de la médiation. Bien sûr, toute la civilisation n'arrachera pas du cœur de l'homme sa capacité à faire le mal : le plus érudit des peuples, ou des individus, n'est pas préservé des tentations de la haine et de la violence.

La culture, malheureusement, n'empêche pas toujours l'homme d'être inhumain ; mais l'inculture l'empêche d'être humain. Il faut la médiation de cet héritage qui nous est transmis, même de façon rudimentaire, par cet autre qui nous précède, pour que nous devenions nous-mêmes — pour que nous devenions humains. L'homme n'est pas lui-même sans médiation : laissé en friche, il demeure à l'état brut ; et cette brutalité va contre sa nature, elle l'enferme dans une inhumaine sauvagerie. Voilà le cœur du paradoxe : abandonner l'homme à la nature, c'est le dénaturer. L'augmenter d'une tradition, lui offrir une autorité, c'est lui donner au contraire l'occasion de s'approcher de sa nature.

Notre refus de la transmission a engendré ce qui ressemble parfois à une société d'enfants sauvages. Développement des incivilités, distension de tous les liens, consumérisme irresponsable, difficultés quotidiennes dans la vie en collectivité, échecs de l'insertion sociale et de l'engagement citoyen, rupture du dialogue entre les générations, explosion de la délinquance... Partout, nous voyons l'homme « dégradé, insociable, grossier » — partout, nous voyons l'homme inhumain. Au cœur de nos pays « développés », nous avons le sentiment de voir resurgir la barbarie. Et nous n'arrivons pas à nous l'expliquer.

Devant le caractère inédit de ces difficultés, certains choisissent le déni : « N'écoutons pas, diront-ils, ceux qui se plaignent toujours que le niveau baisse et que la jeunesse n'est plus ce qu'elle était. Puisque nous sommes enfin libérés, tout ne peut être que progrès ; faisons confiance, soyons modernes ! » Une telle négation du réel ne peut qu'exaspérer tous ceux qui vivent directement l'expérience de la crise majeure que subit notre société. Cette expérience douloureuse, en retour, fait fleurir une variété de discours critiques. Mais ceux qui les portent — et ceux qui les exploitent — cherchent généralement dans des causes conjoncturelles l'explication de la poussée de violence qu'ils dénoncent : la crise économique, les dérives des politiques, ou le développement de l'immigration. A cette violence elle-même s'ajoute alors parfois la virulence des procès intentés à ceux qui sont suspectés de causer ces dérèglements.

Mais aucune de ces raisons ne peut suffire à expliquer le bouleversement profond que nous vivons. Il ne s'agit pas ici de résumer un diagnostic dont la complexité mérite bien d'autres travaux, appuyés sur d'autres disciplines. Bien sûr, certains facteurs contribuent au malaise grandissant qui traverse notre société ; mais ni les tensions économiques, ni le discrédit politique, ni les difficultés d'intégration n'expliquent à eux seuls cet « ensauvagement » largement constaté et décrit. Nous ne voyons pas qu'il provient essentiellement d'une rupture de la transmission, d'un abandon de notre propre civilisation — dont tous les symptômes de la crise ne sont que des conséquences, proches ou lointaines. Nous ne voulons pas voir que l'enjeu est d'abord culturel. Comme si une génération qui s'est interdit de transmettre ne parvenait pas à comprendre que, en refusant de faire des héritiers, en privant ses enfants de la culture qu'elle avait reçue, elle prenait le risque de les déshériter d'eux-mêmes — de les déshériter de leur propre humanité. Nous nous sommes passionnés pour le doute cartésien et l'universelle corrosion de l'esprit critique, devenus des fins en eux-mêmes ; nous avons préféré, avec Rousseau, renoncer à notre position d'adultes pour ne pas entraver la liberté des enfants ; nous avons reproché à la culture d'être discriminatoire, comme Bourdieu, et nous avons contesté la discipline qu'elle représentait. Et nous avons fait naître, comme il aurait fallu le prévoir, « des sauvages faits pour habiter dans les villes ».

Refuser l'indifférence

Le culte de l'indifférence

Si la société contemporaine est violente, c'est surtout par l'indifférence qui semble la saisir. La brutalité contemporaine est là : non pas d'abord dans l'augmentation de la violence active qui la traverse, mais essentiellement dans l'indifférence individualiste qui nous sépare inexorablement les uns des autres, dans la solitude défiante en laquelle nous sommes enfermés. Reprenons le diagnostic de Bourneville sur le petit Victor, et nous verrons que cette indifférence est le propre de l'enfant sauvage, « se balançant sans but et sans relâche, mordant, égratignant ceux qui le contrariaient, ne témoignant aucune reconnaissance pour ceux qui le servaient, indifférent à tout et ne donnant de l'attention à rien ».

Cette indifférence est, là encore, une conséquence essentielle de notre refus de transmettre la culture, et son résultat nécessaire. Car la négation de la différence et la révolte contre la culture sont l'effet d'une seule et même rupture. Ceci est d'ailleurs très visible dans l'œuvre des trois auteurs que nous avons choisi d'étudier. Bourdieu est le grand détracteur de la *distinction* : pour lui, la culture n'est qu'un outil de domination au service des héritiers, qui l'utilisent pour se différencier. Sans cette préoccupation sociale, affirme Rousseau, l'homme resterait par nature plongé dans une solitude totale, autosuffisant, et parfaitement indifférent à ce qui l'entoure. Une indifférence aussi absolue serait la clé d'un bonheur jamais troublé... Elle est aussi, pour la modernité, la clé de notre affranchissement : Descartes, le premier, définissait en effet la liberté, dans une lettre au Père Mesland de 1645, comme une capacité d'indifférence, au sens le plus fort du terme : « Il nous est toujours possible, écrivait-il, de nous retenir de poursuivre un bien clairement connu ou d'admettre une vérité évidente, pourvu que nous pensions que c'est un bien d'affirmer par là notre libre arbitre. »

Indifférence solitaire à autrui, indifférence relativiste au vrai et au faux, au bien et au mal : en suivant le chemin tracé par ces trois auteurs, nous préférons refuser de savoir, refuser de voir et de reconnaître ce qui nous précède, afin de rester parfaitement indéterminés — c'est-à-dire parfaitement libres. Plus rien ne doit nous emprisonner par avance dans des schémas préétablis ; les repères culturels, les héritages familiaux, les morales traditionnelles, et bien sûr les religions, sont par principe suspects de restreindre notre capacité de choix. Ils constituent en effet des différences qui nous influencent et nous enferment. Or nous voulons avoir le choix : la liberté que nous projetons se définit comme négation de la contrainte. Nous revendiquons en permanence cette liberté de choix comme une fin en soi, comme le dernier mot qui suffit à clore les débats. Nous exigeons d'avoir le plus grand panel d'options disponibles, pour être aussi indéterminés que possible.

En fait, nous voulons entrer dans nos vies comme des consommateurs dans un supermarché : aussi indéterminés, aussi indifférents, pour garder ouvertes toutes les options et n'être plus guidés que par nos seules envies. Rien ne doit pouvoir précéder notre prise de décision, et en menacer le caractère strictement personnel. Rien ne doit dépasser l'horizon du libre choix, ce qui signifie finalement que tout doit être comparable. Il faut en effet que tout soit commensurable, qu'aucune différence essentielle ne subsiste, pour que je puisse tout mettre dans la balance. Moins les différences m'apparaissent, plus je puis expérimenter l'arbitraire qui témoigne de ma liberté de choix.

Nous touchons là à ce qui constitue le mouvement même par lequel le réel et toute notre expérience humaine sont réduits à l'économie, ramenés à des valeurs marchandes. Or le marché, qui intègre peu à peu toutes les dimensions de nos existences, ne tolère pas la différence : sa fonction même est de créer de l'équivalence, d'établir entre deux objets une identité de valeur, qui permettra leur échange. Ce n'est pas un hasard si la mondialisation, comme processus économique, passe par l'uniformisation du monde. Elle dissout les cultures, nivelle leurs différences : en rendant le monde indifférent, elle le met ainsi tout entier à ma portée. Par elle, plus aucun lieu n'est étranger, mystérieux, lointain, ni même véritablement distant — mais aucun non plus, du coup, ne demeure vraiment exotique ou singulier. Finalement, rien ne m'est vraiment inconnu dans ces villes globalisées, devenues à peu près identiques, et dont les singularités culturelles ne demeurent que pour témoigner, comme des décorations patrimoniales, de ce qui reste d'une histoire morte. Désormais je me retrouve partout, dans un espace mondialisé continu et homogène : si tout est partout identique, ma liberté n'a plus de frontières.

Pour accomplir la promesse de cet affranchissement total, nous collaborons avec enthousiasme à la déconstruction de toutes les différences, qui sont autant d'obstacles interposés entre nous et l'objet de nos désirs. Lorsque nous serons enfin affranchis de tous les particularismes, nous serons devenus les individus indéterminés, indifférenciés et indifférents, acteurs et produits parfaits de la société de consommation.

Cette liberté d'indétermination est le fantasme de notre société. Elle explique que nous ayons fait de la jeunesse notre idéal absolu : car c'est le propre de cet âge de la vie que d'être indéterminé, ouvert à l'infinité des possibles. Si être libre suppose d'avoir le choix — d'avoir devant soi le plus d'options disponibles —, alors l'adulte est moins libre que l'enfant, moins libre que l'adolescent. L'adulte, en effet, qui a dû faire des choix — professionnels, familiaux, etc. —, s'est déterminé dans une voie ; parce que cette perspective nous effraie, nous tentons souvent de la fuir, en rendant nos engagements toujours plus superficiels. Nous avons peur d'être enfermés dans nos propres choix : cette angoisse complique et fragilise toutes nos décisions. Elle constitue ainsi une difficulté inédite dans l'expérience des responsabilités, quelles qu'elles soient : comme nous n'arrivons plus à les assumer vraiment, définitivement, de manière irréversible, il semble que tous les liens deviennent ténus, et, pour reprendre l'expression du sociologue Zygmunt Bauman, que la société devienne liquide. Notre obsession de rester libres finit par nous murer, en deçà de toutes nos expériences, dans une solitude qui se protège par l'indifférence du risque de la relation.

Cette obsession donne un sens nouveau au fantasme de l'éternelle jeunesse. Rester jeunes veut dire, à tout prix, ne pas devenir adultes, ne pas voir notre vie se figer dans des déterminations irréversibles. Comme on comprend, dans ces conditions, que la place de l'éducateur soit devenue intenable ! Dans une société qui a fait de la jeunesse son idéal, comment un adulte peut-il encore avoir un rôle à jouer ? Puisque la jeunesse de l'élève est la valeur mise en scène par toute la société, que pouvons-nous lui apporter ? Il ne reste plus aux adultes qu'à se mettre à l'école des jeunes pour leur ressembler aussi longtemps que possible... Cette inversion des rôles est inédite du point de vue de l'anthropologie — et, paradoxalement, elle est profondément anxiogène pour les jeunes eux-mêmes, dont l'avenir ne peut être pressenti que comme une lente dégradation vers les complexes de l'âge adulte. Parents et enseignants se trouvent, par principe, « ringardisés » du seul fait de leur position, terrassés d'avance par la crise d'adolescence collective que traverse notre époque. Car c'est bien ainsi qu'il faut lire la revendication bruyante de notre indétermination. De la figure moderne de l'adolescence, nous avons fait notre idéal : la rébellion contre toute autorité, l'esprit critique et frondeur, l'ouverture à tous les possibles, la quête permanente de nouveauté et le refus du passé sont devenus nos plus grandes vertus.

Et, par-dessus tout, de la crise d'adolescence, nous voudrions garder l'indifférence assumée ; cette indifférence ignorante, qui précédait l'acte éducatif, est devenue, par un curieux retournement, ce qu'il faut désormais protéger. Rousseau se fixe un but auprès de son élève : « Il me suffit qu'il sache trouver l'*à quoi bon* sur tout ce qu'il fait, et le *pourquoi* sur tout ce qu'il croit. » Il faut permettre à Emile de rester parfaitement ignorant, pour qu'il continue de revendiquer son indifférence. Tout se passe comme si le modèle de cette conception éducative était précisément l'adolescence en crise ; car c'est bien elle qui demande à tout propos « Pourquoi ? » et « A quoi bon ? ». C'est elle qui refuse par principe, au nom de sa liberté de choix, qu'on lui montre la différence entre le vrai et le faux, entre l'utile et le nuisible, entre le bien et le mal. C'est elle qui, pour reprendre les mots de Descartes, s'interdit parfois « de poursuivre un bien clairement connu ou d'admettre une vérité évidente, » au motif qu'elle veut « affirmer par là [son] libre arbitre ».

Culture et distinction

Pour affirmer ce libre arbitre, pour demeurer indifférents, il nous faut déconstruire la culture ; car elle est précisément ce dans quoi apparaissent des différences. Il ne s'agit pas simplement ici de pointer la diversité des civilisations ; il faut aller plus loin encore : au fond, les singularités de la nature elle-même, la totalité des différences présentes dans le réel, sont rendues visibles par la médiation d'une culture. L'uniformisation du monde, exigée par la revendication d'une liberté d'indétermination, passe donc par la révocation de la transmission.

On en trouve un cas d'école récent dans la distinction du masculin et du féminin. A la tentative de niveler toutes les différences, cette dualité oppose en effet une résistance majeure : l'altérité sexuelle traverse, de façon très profonde, l'expérience humaine. Et elle constitue un obstacle central à notre liberté d'indétermination : avant même que nous ne naissions, nous sommes déjà déterminés par le sexe particulier qui marque notre organisme, alors que nous ne l'avons pas choisi. Dans le monde d'indifférence que nous construisons, l'individu peut aujourd'hui presque tout choisir de sa vie : son pays, son métier, sa structure familiale, ses opinions politiques, ses convictions religieuses... Il est révoltant qu'il ne puisse pas choisir son sexe et qu'il doive subir cette détermination qui semble pourtant affecter de façon si profonde l'identité de chacun. Comment nous affranchirons-nous de cette encombrante altérité ?

Le chemin à suivre est bien connu : pour déconstruire la nature — en l'occurrence, la réalité organique de la différence sexuelle —, il faut déconstruire la culture. Toutes les représentations que les cultures humaines élaborent à partir de cette différence initiale doivent donc être considérées comme des « stéréotypes », qui aliènent notre liberté, et nous empêchent de décider de ce que nous voulons être. Ce soupçon porte un nom : le genre est le concept qui servira à désigner cette différence comme une pure construction culturelle, qui enferme notre capacité d'indétermination. Les civilisations dont nous héritons ont toutes, en effet, élaboré des discours, des rites, des vêtements, des coutumes, des œuvres autour de l'altérité sexuelle : en nous apprenant à les regarder comme autant d'artifices, transmis par un passé nécessairement archaïque emprisonnant nos choix, on parviendra à semer un « trouble dans le genre », et finalement à faire totalement disparaître cette différence entre l'homme et la femme.

Et lorsque nous serons devenus totalement indifférents à la différence des sexes, c'est toute cette dimension de nos vies qui sera enfin livrée à notre libre arbitre : désormais, nous pourrons choisir pleinement ce que nous serons. Une fois déconstruits les « stéréotypes de genre », une fois devenus indistincts, nous reconstruirons notre identité par nous-mêmes, sans qu'aucune trace culturelle précède nos choix.

Le concept de genre inaugure donc un nouveau champ de bataille dans la guerre contre la culture, cet héritage d'aliénation et d'enfermement qu'il nous faut, selon ses promoteurs, périmer de façon définitive. La mission de l'école, et de l'université, s'en trouve d'ailleurs radicalement transformée : il ne s'agit plus de construire la transmission d'un patrimoine culturel, mais au contraire, dès le plus jeune âge, d'entraîner l'élève à le déconstruire, en lui inculquant le réflexe du soupçon. On n'étudiera plus la langue, la littérature, les œuvres du passé que pour les enfermer dans leur passé — pour les priver de cette actualité qui jusque-là semblait les caractériser. On ne lira plus *La Princesse de Clèves* pour s'intéresser à l'œuvre dans sa présence vivante, dans ce qu'elle peut encore nous apprendre aujourd'hui ; on la lira désormais pour démonter les mécanismes des stéréotypes sexués que la narration installe : quels rapports d'aliénation sont mis en scène à travers l'amour de cette femme ? Comment la domination masculine semble-t-elle installée par la description des personnages ?

Par la position qu'adopte ainsi le lecteur, il interdit à l'œuvre de rien transmettre, et il s'interdit d'en rien recevoir : il se place au-dessus d'elle pour pouvoir mieux la juger — et non en relation à elle, pour hériter de ce qu'elle pourrait avoir à nous apprendre aujourd'hui. Et, par là même, il la tue, en quelque sorte ; il anéantit en tous les cas la possibilité de sa fécondité actuelle, qui faisait la raison de notre intérêt pour elle. Il la transforme en fossile : notre héritage culturel n'est plus qu'un résidu d'archaïsmes, qui ne doit intéresser désormais que les archéologues. Si l'avenir est à l'indifférence, il faut pour cela que la culture soit soigneusement datée, périmée, enfermée dans son histoire.

Notre postmodernité n'arrive plus à reconnaître la différence. Elle ne l'accepte, paradoxalement, qu'à condition de pouvoir la nier… Et pour cette raison, il était nécessaire qu'elle tente par tous les moyens de révoquer la culture, de porter sur elle le soupçon. Car ce qui nous permet de voir, de percevoir les différences, c'est précisément la culture. Nous l'avons constaté en parlant du langage : la richesse du vocabulaire ne nous permet pas simplement de décrire, mais d'abord de prendre conscience de la singularité des réalités que nous observons. La culture est, d'une façon générale, ce dans quoi le monde nous apparaît, dans l'infinie variété qu'il nous présente. Tout est uniforme pour celui qui ignore ; tout est singulier pour celui qui connaît.

Ceci se vérifie dans toutes les cultures, régionales ou sectorielles. Prenons le cas concret d'un univers particulier : l'œnologie ; le vin est bien une culture — au sens le plus simple du terme puisqu'il est d'abord une agriculture. Pour le profane, tous les vins se ressemblent, à peu de choses près. On les identifie en rouges, blancs ou rosés, ils sont plus ou moins agréables ; mais, au-delà de ces considérations primitives, leur différence est imperceptible. Il faut, pour la repérer, acquérir un savoir, entrer dans une culture, développer une expérience, recevoir les connaissances nécessaires pour qu'enfin apparaissent, au creux du palais, les résonances singulières de chaque millésime, l'écho toujours spécifique d'une région, d'un cépage, d'un ensoleillement, d'une maturation…

Les différences ne nous sont donc visibles que par la médiation de la culture — ce qui, encore une fois, ne signifie pas qu'elles soient artificiellement construites par elle. Il y aurait deux façons opposées d'ignorer la nécessité de cette médiation : une erreur serait de croire que, parce que c'est par le prisme de la culture que nous percevons le monde, il n'existe de réalité que construite, artificielle, culturelle. C'est là l'erreur qui piège ceux qui voudraient « déconstruire le genre ». Il est vrai que, sans culture, les choses et les êtres, dans leurs singularités, nous demeurent invisibles ; mais reconnaître cela ne revient pas à affirmer, de façon relativiste, que ces singularités sont purement construites et que la nature n'existe pas. Cela veut dire, simplement, que nous avons besoin de la médiation de la culture pour découvrir la réalité, qui n'est pas immédiatement accessible à nos sens laissés à l'état naturel. Si celui qui veut devenir œnologue a besoin de se familiariser avec la culture propre à l'univers des vins, c'est pour mieux reconnaître par son moyen des différences bien réelles, des variations objectives : l'œnologue confirmé est celui dont l'organisme, la langue, le nez sont informés par le savoir qu'il a reçu et l'expérience qu'il a mûrie. Ainsi, la culture entre en interaction avec le corps, avec la sensation, pour affiner notre perception et la rendre effective ; et, en cela, elle revêt une nécessité essentielle.

Une seconde erreur consisterait en effet à croire que la culture n'entre pas en jeu dans notre observation du réel, qu'elle s'ajoute toujours à une intuition déjà élaborée ; la médiation de la culture est une condition si nécessaire à notre simple perception qu'il nous devient impossible de les séparer l'une de l'autre, et de mesurer par là combien, si nous ne disposions d'aucune culture, le réel même disparaîtrait à notre regard. Nous partageons souvent, de façon presque innée, l'impression qu'il y a partout des évidences, que le réel nous saute aux yeux et qu'il suffit de le constater. Mais toute l'expérience humaine confirme que cette idée est totalement fausse.

C'est en effet à travers une culture que notre perception peut s'ouvrir aux singularités des choses qui nous entourent. La langue est là encore une nécessité première : il faut des mots, non pas seulement pour parler, mais pour voir le monde. Contrairement à ce que pourrait nous suggérer une expérience trop habituée, la réalité ne nous apparaît pas immédiatement : il nous faut un vocabulaire pour la voir, avec les distinctions qu'il apporte. L'anglais, qui a plusieurs termes pour désigner le brouillard, nous apprend à discerner des phénomènes climatiques distincts là où, héritiers d'une langue moins riche sur ce point, nous apercevions toujours un seul et unique brouillard. Pour observer le monde avec un œil attentif aux singularités qu'il nous présente, il faut des mots qui puissent rendre notre attention sensible à toutes les différences que le réel contient. Et, de ce fait, si toute spécialité suscite progressivement la complexité d'un vocabulaire technique propre, ce n'est pas uniquement pour faciliter la communication entre ceux qui la cultivent, mais aussi pour ouvrir leur perception à la reconnaissance plus fine des nuances et des variations qu'elle éclaire.

La réalité ne se laisse donc pas voir toute seule : notre regard a besoin d'être informé pour la discerner. Il faut avoir hérité d'une culture pour distinguer, dans le produit de notre perception, ce qui est donné à notre regard. Il faut avoir appris dans les images, dans la langue, dans les mots, à discerner ces réalités singulières que notre œil, ouvert par la culture, reconnaîtra dans le réel. Sans cet apprentissage, la perception ne serait même pas possible : elle ne nous apprendrait rien. L'indistinction totale dans laquelle elle se trouverait enfermée la rendrait totalement inopérante : le regard qui ne sait pas reconnaître est aveugle, l'oreille qui ne distingue pas les sons est sourde. La culture nous transmet le sens de ces réalités singulières et chaque fois différentes qu'elle nous apprend à repérer dans le réel. Sans elle, nos capacités organiques de percevoir le monde seraient réduites au silence par l'indifférence absolue dans laquelle elles demeureraient, inutiles et impuissantes. Voilà qui permet de mesurer tout ce qu'il faut savoir pour voir, tout ce qu'il faut connaître simplement pour naître au monde. Nous sommes bien loin de l'intellectualisme élitiste dans lequel on voudrait enfermer la culture : elle est nécessaire au moindre acte de conscience, manifestant d'ailleurs par là combien le corps est lié à l'esprit dans la perception du réel. La nature ne suffit pas : à l'homme inculte, elle ne dit rien. Souvenons-nous, là encore, de l'enfant sauvage de l'Aveyron : « Il avait des sens, et ne savait pas s'en servir ; ses yeux ne savaient pas regarder ; ses oreilles ne savaient pas écouter ; l'odorat était si grossier qu'il recevait avec la même indifférence les parfums les plus suaves et les odeurs les plus repoussantes ; enfin tous ses sens, distraits ou insensibles, erraient sans cesse d'un objet à un autre sans jamais s'arrêter. »

Comprendre l'importance de la culture, comme médiation entre nous et le réel, permet donc de mieux discerner ce qui se joue dans notre rapport à l'altérité. La différence de l'homme et de la femme est bien réelle ; mais, de fait, nous avons besoin de la culture pour la voir. Elle n'est pas évidente, pas davantage que toutes les singularités qui traversent notre univers ; et pour aller jusqu'à elle, il nous faut passer par la médiation des textes, des images, par la médiation même des mots, par lesquels l'humanité qui nous a précédés nous transmet ce qu'elle a mûri pour apprivoiser cette altérité. Il serait illusoire de croire que la nature suffit à nous faire pressentir toute la complexité, la fécondité et la signification essentielles de l'altérité sexuelle ; mais il serait tout aussi absurde de s'appuyer sur la nécessité de la culture pour affirmer que cette réalité est une pure construction culturelle.

Reprendre conscience de cette nécessité permet simplement de mesurer l'ampleur de ce qui est en jeu dans la déconstruction de la culture, à laquelle nous conduit une certaine idée de la liberté. Notre combat contre la culture recoupe en effet, nous l'avons vu, la révolte que nous inspirent des différences que nous ne voulons plus voir, parce qu'elles nous apparaissent comme autant de déterminations que nous refusons d'assumer. Seulement, quand nous aurons achevé de condamner la culture comme une source de stéréotypes aliénants, nous ne serons plus capables de percevoir clairement la nature elle-même. C'est bien cela qui se joue : la distance que nous prendrons vis-à-vis de notre culture nous éloignera en même temps de notre nature commune. Dans l'orgueil d'une postmodernité qui veut n'être précédée par rien, nous sommes prêts aujourd'hui à sacrifier notre héritage sur l'autel de la déconstruction ; mais lorsque nous aurons brûlé tous les livres, quand bien même ce serait au nom du meilleur des mondes, nous aurons commencé aussi de brûler notre propre humanité. Ce monde d'inculture et d'indifférence, promesse de l'accomplissement d'une liberté absolue, pourrait bien être celui d'une sauvagerie encore inédite — et d'autant plus menaçante que, par cette inculture même, elle nous rendra incapables de la percevoir à mesure qu'elle nous saisira.

Retrouver le sens de la différence

Il est donc nécessaire de retrouver, en même temps que le sens de la culture, le sens de la différence. La différence n'implique pas une inégalité, une occasion de mépriser l'autre : elle est au contraire une condition pour s'émerveiller. Aujourd'hui, même la promotion de la diversité se fait au nom de l'indifférence — au nom de la « tolérance », c'est-à-dire l'attitude qui consiste à supporter poliment ce par quoi l'autre est différent, et à montrer qu'on ne s'y intéresse pas : un individu sera considéré comme tolérant dans l'exacte mesure où il parviendra à faire comme si la différence n'existait pas. Par là, en réalité, nous ne valorisons pas la diversité, mais plutôt au contraire l'indifférence à la diversité. Ainsi, cette tolérance affichée ne désigne rien d'autre qu'une intolérance réelle à la différence que porte autrui, à la singularité qui marque chacune de nos personnes.

La médiation de la culture ouvre la possibilité d'une autre voie, celle qui nous conduit à l'étonnement, à l'émerveillement. Reconnaître la différence, c'est s'interdire de la mépriser : c'est apprendre à discerner ce qu'il y a de singulier dans les choses et les êtres, et qui dépasse toute évaluation. L'œnologue qui sait distinguer les différents vins, le gastronome dont l'attention pour chaque saveur a été longuement mûrie, ne cherchent pas à hiérarchiser les aliments qu'ils découvrent : ils savent au contraire estimer dans chaque mets ce qu'il a d'unique, d'incomparable. Par la culture, nous apprenons à considérer ce caractère singulier des réalités et des personnes qui nous entourent, et cela nous interdit de réduire leur différence à une inégalité, ou d'enfermer l'infinie complexité du monde dans des hiérarchies toutes faites.

Différence ne vaut donc pas condescendance — au contraire : l'expérience de l'altérité est la condition de tout émerveillement ; il faut que tout ne soit pas identique pour que mon attention trouve de quoi s'étonner. Cette expérience n'est permise que par la culture, qui fait apparaître à nos yeux toutes les variations du réel. Découvrir que cette médiation de la culture est nécessaire, c'est comprendre ce paradoxe que l'on ignore trop souvent : la curiosité ne naît pas quand on ne sait rien. En fait, il faut beaucoup de connaissances pour s'étonner. L'expérience se répète dans chaque domaine de recherche : plus on apprend, plus on s'émerveille. L'ignorance ne s'étonne de rien, et la science admire chaque chose. L'habitude blasée ne vient pas d'un excès de connaissances ; et la passion de voir et de savoir ne naît pas de la neutralité d'un regard encore vierge de toute culture.

Découvrir une nouvelle culture, une science, une littérature, c'est voir peu à peu le monde s'animer d'une infinité de significations encore insoupçonnées ; c'est lire dans le réel encore méconnu les singularités qui y dormaient en attendant d'être découvertes. C'est s'étonner soudain de ce qui jusque-là paraissait banal, voir de l'unique dans l'ordinaire, sentir du relief là où, pour les fausses certitudes de l'ignorance inconsciente d'elle-même, tout restait uniforme et plat. Il faut un cours d'histoire, un exercice de physique, un tableau ou un poème pour contempler avec un regard neuf le monde autour de moi, pour considérer authentiquement ce que je vois, ce que je vis. Prenons simplement le lieu où je suis, le paysage que j'observe — prenons la table même sur laquelle j'écris. N'a-t-elle pas une histoire, elle aussi ? N'ouvre-t-elle pas, à elle seule, un univers entier de significations ? Les champs variés de la culture m'apprendront à voir, à travers elle, le bois dont elle est faite, le travail qui l'a produite, l'histoire de ses usages, les places qu'elle occupe dans un foyer, et le lien noué entre les hommes qui se rassemblent autour d'elle. Seule la culture permet de remplacer mon indifférence initiale pour l'apparente banalité de cet objet par une attention éveillée à l'univers entier qu'il dévoile.

Apprendre, c'est recevoir en héritage ce qui nous rend sensibles à l'infinie beauté de la réalité la plus ordinaire ; c'est gagner, pour nos yeux ouverts, ce par quoi la singularité de chaque chose apparaît. Comme nous sommes loin, maintenant, de cette représentation qui nous montrait la culture comme un bagage encombrant ! En refusant de transmettre la culture que nous avons reçue, nous privons les jeunes qui nous suivent, non pas seulement d'une distinction sociale, mais d'abord de cette attention émerveillée pour le monde dans lequel ils sont. Ils se trouvent déshérités de leur propre capacité d'étonnement, de la condition même de toute perception du réel, dans la diversité qu'il nous présente. Quelle étrange société que celle qui enferme les adolescents dans la caricature de leur propre adolescence, dont elle s'est faite un idéal ! Au lieu de transmettre ce dans quoi se construit un regard juste et clair, nous cherchons à déconstruire les différences. Pour parvenir à cette indifférence universelle, nous valorisons la critique qui nivelle tout, plutôt que l'humilité de l'apprentissage, qui seul donne à chaque chose son relief. Et ainsi nous retirons aux plus jeunes cette médiation essentielle par laquelle pourrait se découvrir à leurs yeux la singularité du monde.

Peut-être avons-nous cru, en renonçant à la transmission, leur rendre la vie plus facile, ou nous attirer leurs faveurs. Ceux qui, par exemple, blâmaient haut et fort le « cours magistral » ou l'exigence de l'exercice, imaginaient sans doute que les élèves seraient satisfaits de voir la classe transformée en lieu de débats ; la formation des enseignants est dominée depuis longtemps par la prohibition d'un enseignement trop unilatéral. En cours de philosophie, il faudrait organiser des discussions, des exposés, des ateliers ; surtout ne pas se présenter devant les élèves pour leur apprendre quelque chose, pour leur transmettre un savoir qui irait de l'esprit de l'enseignant au leur. Sans doute avons-nous imaginé que cet interdit ferait place à un nouveau dynamisme... C'était méconnaître cette nécessité de la transmission : dans l'indifférence que ne manque jamais de susciter le vide de la connaissance, rien n'a d'intérêt, tout est monotone, rien n'étonne ni ne passionne plus. Nous avons cru plaire aux adolescents en faisant nous-mêmes la promotion de la critique adolescente pour mieux rabaisser tout ce qui avait l'air trop sérieux ; mais lorsque tout est devenu indifférent, lorsque les distances sont abolies et les singularités aplanies, que reste-t-il à désirer ? Dans nos établissements scolaires, le seul vrai résultat de la démagogie des adultes, c'est l'ennui qui bien souvent y règne sans partage — un ennui lourd, épais, consistant, cette lassitude indifférente et résignée qui ensevelit, sous le poids des heures inutiles, les cœurs qu'aucune exigence n'éveille plus.

A l'inverse, j'ai toujours fait l'expérience, apparemment paradoxale, de l'intérêt que ne manque jamais de susciter un enseignement qui s'assume comme tel, porté par la passion de ce qu'il voudrait transmettre. Quel que soit le contexte, même dans les établissements les moins favorisés, il m'a été donné de vérifier ce phénomène : exiger de ses élèves qu'ils fassent l'effort de recevoir ce que l'on a à leur offrir, c'est le début d'une aventure extraordinaire. C'est d'abord le début d'une guerre : car il faut bien souvent se battre, ou plutôt il faut les aider à combattre eux-mêmes leurs propres pesanteurs, tout ce qui les empêche de s'élever — tout ce qui les retient d'être élèves. Il est si difficile de se rendre disponible pour recevoir ! Et ce travail intérieur, plus rude sans doute aujourd'hui que jamais, nous avons tous à le mener pour élargir notre attention à la dimension de ce monde qu'il nous reste à découvrir. Faire le choix d'enseigner authentiquement, c'est donc bien le début de la guerre ; mais c'est aussi la fin de l'ennui, l'ouverture à une curiosité inépuisable, l'apparition d'une soif que chaque étape de l'apprentissage ne fera qu'accroître encore. C'est le début d'une aventure partagée entre enseignant et étudiants, et le seul moyen qui gagnera à l'adulte la confiance des plus jeunes. Car c'est seulement parce que nous avons quelque chose à leur apprendre que nous sommes fondés à nous trouver là, devant eux, à requérir leur attention, leur silence et leur respect. Au nom de quoi, sinon, notre autorité serait-elle légitime ? Au nom de quoi notre position aurait-elle un sens ? On s'imagine peut-être que l'enseignant qui abdique le « cours magistral » pour proposer aux élèves de construire seuls leur savoir gagnera par là la sympathie de sa classe. Cela ne se vérifie jamais dans la durée ; l'adulte qui revendique n'avoir rien à transmettre se trouve immédiatement privé de ce qui pouvait lui valoir l'intérêt de ses élèves ; il les prive en même temps de cela seul qui aurait pu susciter leur curiosité pour le monde, et les tient enfermés dans l'indifférence de l'inculture.

A la recherche de la liberté

Cette indifférence dans laquelle demeure celui qui n'hérite d'aucune culture marque aussi sa vie et son être même. Le refus de la transmission prive l'élève de ce dans quoi pouvait naître sa propre singularité. Il faut, là encore, prendre au sérieux la nécessité de la culture, comme médiation essentielle pour l'accomplissement de notre nature. Etre vraiment soi-même n'a rien d'une évidence innée ; être libre n'est pas immédiat. Voilà qui permet de mesurer l'erreur d'une définition qui assimile la liberté à l'indifférence : il ne suffit pas d'être indéterminé pour être autonome. La liberté authentique est le résultat d'une médiation.

Toute la culture porte le témoignage de ce paradoxe : il y a bien de la distance entre s'asseoir devant un piano pour en frapper les touches qu'on veut, et faire entendre une musique qui soit vraiment personnelle. Parcourir cette distance jusqu'à soi, c'est l'enjeu d'un long travail, sans doute jamais complètement achevé. Conquérir son propre style suppose d'abord de se plier à la contrainte de l'exercice. Pour développer authentiquement une façon de jouer ou de composer qui soit personnelle, il faut passer par la rencontre avec le professeur, qui transmettra à l'élève les connaissances nécessaires à cette médiation. Combien d'heures d'étude, combien de gammes et de mesures indéfiniment répétées a-t-il fallu pour que naisse finalement le caractère si personnel d'une sonate de Beethoven ou d'un nocturne de Chopin ? Si le propre d'un grand artiste est d'être vraiment nouveau, singulier, inimitable dans son style, ne croyons pas que cette originalité soit rendue possible par l'effacement de la transmission.

Bien au contraire : comme une pensée nouvelle naît dans la discipline d'une langue, toute liberté jaillit à l'intérieur d'un héritage culturel — non pas malgré les contraintes qu'il comporte, mais grâce à elles. Le terme même de discipline, justement, exprime bien le caractère normé autant que normatif des savoirs, par lesquels sont structurées et clarifiées nos perceptions et nos intuitions. Toute culture impose en effet un certain ordre, distingue ce qui est juste de ce qui ne l'est pas ; et c'est par là seulement que nous sommes paradoxalement conduits à notre propre personnalité.

La liberté ne naît pas du désordre : pas plus que la singularité d'une pensée n'apparaît hors des règles de la grammaire, nous ne pouvons espérer être plus autonomes en déconstruisant toutes les normes. Concrètement, Beethoven et Chopin ont eu des professeurs pour les guider, pour les reprendre, pour les aider à distinguer la note juste de la dissonance et le meilleur toucher de la frappe insensible. L'apprentissage n'éloigne pas notre liberté — toute l'œuvre de ces artistes le prouve ; il nous y conduit au contraire. La liberté des plus grands maîtres naît toujours d'un héritage, qu'elle accomplit et dépasse en l'enrichissant d'une singularité nouvelle.

Mais pour qu'ait lieu ce dépassement, il faut d'abord une autorité qui nous aide à distinguer le vrai du faux, le meilleur du moins bon, ce qui mérite d'être recherché et ce qui mérite d'être abandonné. Lorsque, pour être préservés de toute influence, nous aurons déconstruit cette autorité qui nous précède, nous aurons enfin toutes les options indifféremment ouvertes devant nous ; mais nous ne serons pas libres pour autant. Il ne suffit pas pour cela d'avoir le choix : il faut surtout savoir choisir — savoir discerner, agir, créer, ce qui implique de pouvoir distinguer. A quoi nous servira-t-il d'être devenus parfaitement indifférents pour pouvoir décider de tout dans notre vie si cette même indifférence nous empêche de rien désirer ? Le recul de la culture laissera derrière lui un monde informe, monotone, où n'apparaîtront plus ni aspérité ni singularité. Nous serons ainsi maintenus dans une indétermination absolue, mais rendus pour cela incapables de nous engager. Or c'est cela — faire un vrai choix, se déterminer — qui est l'expérience effective et véritable de la liberté. Pour parvenir à elle, il faut apprendre à faire la différence, ce qui suppose notre rencontre avec la culture, et avec l'autorité.

Sans aucun doute, les pédagogues qui ont vu dans l'autorité un obstacle à la liberté de l'élève étaient-ils animés par une intention parfaitement généreuse. La critique de l'autorité s'est opérée au nom du respect de l'enfant. Comme la culture — il s'agit en fait d'une seule et même chose —, l'autorité a été considérée comme un mal rendu nécessaire par les problèmes de la vie en société. Il faut bien, pour le « vivre ensemble », que soient imposées quelques règles qui assurent autant que possible notre coexistence pacifique. C'est là le seul fondement qui puisse justifier un acte d'autorité ; mais celui-ci demeure pensé comme une restriction pénible de notre indépendance. « La liberté des uns s'arrête où commence celle d'autrui » : une telle conception, qui passe aujourd'hui pour parfaitement évidente, signifie en fait que nous serions parfaitement libres si nous étions totalement seuls… Elle décrit la société comme une juxtaposition d'espaces pour l'action des individus, limités par la présence d'autrui, mais séparés et indifférents les uns aux autres. Dans cette perspective, l'autorité est une diminution de la liberté individuelle, qu'il est nécessaire d'accepter à condition qu'elle demeure limitée à sa stricte nécessité.

Ne cherchons pas plus loin la cause essentielle de ce qu'il est convenu d'appeler la « démission » des parents, et des éducateurs en général. Il est devenu banal de déplorer que tant d'adultes aient cédé à une forme de lâcheté, de paresse, d'abandon dans leur responsabilité éducative — qu'on se souvienne seulement du débat autour de la suppression des allocations familiales pour les parents d'enfants absentéistes. Mais en même temps que ce reproche, la société ne cesse de culpabiliser l'exercice de l'autorité en général, et de l'autorité parentale en particulier : les adultes sont tenus de respecter la liberté de leurs enfants, de les laisser faire leur expérience ; et leur autorité est présentée comme une menace pesant sur cette autonomie à protéger. Dans cette injonction contradictoire, on ne parle des parents que pour les accuser, en stigmatisant un jour les dérives de leur autorité, et en leur reprochant le lendemain d'avoir démissionné de leur responsabilité. Pendant ce temps, en effet, c'est une génération d'enfants sauvages qui semble parfois grandir, une génération de jeunes abandonnés à l'immédiateté compulsive de leurs envies, de leurs instincts, des désirs qui les traversent.

Car personne ne devient plus libre pour avoir été préservé de toute autorité. En fait, il n'y a pas d'enfant-roi : il n'y a que des enfants devenus les tyrans d'eux-mêmes, les esclaves de l'immédiateté, pour avoir été privés des repères qui auraient pu les aider à fonder de vrais choix. C'est l'une des fonctions les plus décisives de la culture que de transmettre ces repères : les distinctions qu'elle véhicule, les valeurs qu'elle transmet sont la condition d'une authentique autonomie. Pour avoir une chance de devenir libre, il faut naître dans un monde dont quelque chose soit dit, et dont quelque chose soit interdit.

Toute culture comporte une dimension axiologique — une représentation du bien et du mal, du juste et de l'injuste, de ce qu'il faut ou ne faut pas faire. Mais l'autorité de ces représentations, le fait qu'elles soient transmises et partagées, n'a pas pour fonction de constituer un cadre qui enferme les individus pour garantir la paix sociale. Cette conception réductrice de la culture sape de l'intérieur l'acte de la transmission, même quand elle le décrit comme nécessaire. Qui assumerait d'emprisonner ses enfants dans des règles artificielles, fût-ce au nom de l'intérêt collectif ? Qui voudrait hériter d'un moule social auquel il faut se conformer sous la contrainte ? Voilà l'inquiétude implicite qui nous rend incapables d'éduquer.

Pour refonder la transmission, il faut rompre avec ces fausses légitimations de la culture, dans lesquelles nous nous sommes enfermés. Non, la culture n'est pas un « bagage » encombrant, même stratégiquement opportun ; elle n'est pas plus une contrainte, même socialement utile, qui enfermerait notre discernement. En transmettant un héritage culturel à leurs enfants, les parents ne restreignent pas leur autonomie, au contraire : ils leur offrent la condition essentielle pour que naisse et grandisse leur liberté.

Si l'enfant n'est pas immédiatement libre, si la culture est cette médiation nécessaire pour qu'il puisse devenir lui-même, l'acte de la transmission est celui par lequel se trouve augmentée sa capacité à distinguer, à discerner, et donc à mûrir son propre désir et ses choix de demain — quand bien même ils le conduiraient à s'affranchir de cet héritage... La rencontre avec l'autorité, loin de l'enfermer, augmente donc en l'enfant sa propre liberté. Une telle intuition permet de mieux situer la générosité authentique de l'éducateur : elle ne consiste pas à laisser l'enfant seul, pour préserver une indépendance qui ne saura même pas quel désir peut lui donner sens. Elle appelle au contraire à transmettre ce que l'on a reçu de meilleur, pour faire grandir une authentique liberté. Il n'est pas de plus grand acte d'amour que l'acte d'autorité.

Il se manifeste d'ailleurs comme tel pour l'enfant, pour l'élève — même dans les exigences ou les résistances que l'adulte lui impose parfois. Ne sont-elles pas en effet autant de témoignages de la valeur qu'on lui accorde ? Le paradoxe est que nous avons voulu, pour signifier aux plus jeunes notre confiance et notre respect, ne rien leur interdire, les laisser décider, céder à leurs désirs, sans jamais imposer une parole d'adulte qui aurait pu gêner leur itinéraire. Débarrassés d'une autorité ringarde et dépassée, ils pouvaient enfin faire eux-mêmes leur expérience ; peut-être allaient-ils parfois y laisser quelques plumes, mais après tout, comme l'écrivait Rousseau, « le bien-être de la liberté rachète beaucoup de blessures ».

L'autocensure inédite à laquelle s'est obligé le monde des adultes était donc imposée comme un commandement de l'amour ; pourtant, elle ne pouvait être ressentie que comme l'expression d'une indifférence. Car celui qui peut faire sa vie sans que nous nous en inquiétions, celui que l'on abandonne à lui-même en préférant ne rien savoir, celui-là doit penser que nous ne tenons pas beaucoup à lui... A l'inverse, aider un enfant, un élève, parfois contre lui-même, à s'orienter vers ce que l'on sait être meilleur pour lui, c'est un signe de l'intérêt que nous lui portons. Quand bien même il nous arriverait de nous tromper, quand bien même sa liberté d'adulte s'éloignerait demain des chemins que nous avions imaginés, l'adulte qui transmet ce qu'il a de plus précieux signifie à l'enfant toute la valeur qu'il revêt à ses yeux.

N'avons-nous pas tous déjà vécu cette expérience, de finir par aimer le plus les adultes qui avaient montré le plus d'exigence envers nous ? Non pour l'exigence en elle-même, qui n'a pas de signification en soi ; mais parce que, en nous transmettant avec autorité ce qu'ils voulaient nous offrir de meilleur, ils nous révélaient à nous-mêmes notre propre valeur, et celle que nous avions à leurs yeux. Dans *Le Premier Homme,* un récit autobiographique raconté à la troisième personne, Albert Camus parle avec une émotion intacte de l'instituteur qui le suivit pendant sa scolarité à Alger. Dans cette école d'un quartier pauvre, près de la Casbah, l'enseignant, M. Germain (M. Bernard dans le livre), accueille des enfants de familles souvent très défavorisées. Il en est « craint et adoré en même temps », dit Camus — qui lui écrira d'ailleurs pour le remercier, quelques jours après avoir reçu le prix Nobel de littérature... Ce que l'auteur, des années plus tard, retient de cet enseignant, c'est sa volonté de transmettre aux enfants ce savoir dont il était passionné : « dans la classe de M. Bernard [...], [l'école] nourrissait en eux une faim plus essentielle encore à l'enfant qu'à l'homme, et qui est la faim de la découverte ». La transmission touche bien à l'essentiel, c'est-à-dire à l'être même de celui qui la reçoit. En cela, seule l'autorité de l'adulte révèle à l'enfant l'infinie valeur de la personne qu'il est, et qu'il devient. Tout se trouve résumé par le souvenir de Camus : « dans la classe de M. Germain, pour la première fois, ils sentaient qu'ils existaient, et qu'ils étaient l'objet de la plus haute considération : on les jugeait dignes de découvrir le monde ».

Pour la première fois : ainsi est signifiée de nouveau la nécessité d'une médiation. Sans culture, l'enfant ne peut même pas prendre conscience de son être propre. Il faut donc renverser la définition rousseauiste : l'autorité ne signifie pas « être aimé de l'enfant », mais l'aimer, et l'aimer assez pour lui transmettre les savoirs, les frontières, les dits et les interdits qui lui montrent que nous tenons tant à sa propre liberté. En effet, cette autorité qui lui offre des repères aujourd'hui le fait échapper pour la vie à l'immédiateté de l'instinct et le prépare ainsi à devenir lui-même adulte. Il faut ces distances, ces distinctions que transmet la culture pour sortir du chaos de l'impulsion et créer l'espace d'une authentique autonomie. Bien sûr, cela n'a rien d'évident – encore une fois, si nous étions des êtres d'immédiateté, aucune médiation ne serait par définition nécessaire, il n'y aurait aucun effort à faire pour devenir soi-même... Notre condition constitue une exigence contre laquelle nous ne cessons de nous révolter ; et cette révolte, l'enfant, l'adolescent la vivent déjà lorsqu'ils refusent d'avoir besoin d'une parole qui les éclaire. Dans ces moments-là, l'autorité signifie : aimer l'enfant au point d'accepter de n'être pas toujours aimé de lui, pour lui offrir, malgré tout ce qui, en lui, résiste à son propre bien, les repères qui l'aideront à s'émanciper de l'attraction primaire du désir impulsif et de l'indifférence inconséquente.

Se réconcilier avec le particulier

Ici surgit une difficulté : quelles valeurs, quelles évaluations, quels impératifs et quels interdits transmettre ? Si le besoin de repères est universel, ceux-ci sont particuliers. Nous l'avons dit, la culture est une médiation essentielle : au cœur de notre nature est inscrite la nécessité de cette relation à l'altérité, à l'autorité, pour devenir soi-même. Mais de quelle culture parlons-nous ? Cette question est sans aucun doute l'une de celle qui hante le plus les éducateurs contemporains. Jusqu'ici, nous l'avions laissée de côté : nous parlions en effet de la culture comme d'un besoin universel. Mais les cultures sont particulières : chacune d'entre elles, avec sa langue, ses pratiques, ses rites, sa tradition, porte en elle une vision singulière du monde. Elles sont par ailleurs contingentes et imparfaites, chaque fois le produit d'une histoire heurtée, faite de hasards, de bizarreries et de drames. Toute culture charrie avec elle, en même temps que les aspirations les plus élevées de l'homme, la part de fragilité, d'erreur et de folie qui se manifeste dans le trouble des siècles. Comment alors pourrions-nous, de l'une de ces cultures particulières, avec tant d'humiliante contingence, tirer l'accomplissement de notre nature ?

Voilà sans doute la dernière différence contre laquelle nous ayons choisi de nous révolter : la différence des cultures nous insupporte, à double titre. D'abord parce qu'elle est, croyons-nous, le germe toujours dangereux d'un conflit entre les peuples. Chaque société, enfermée dans sa culture, pourrait être tentée de se croire supérieure et de déclarer la guerre aux autres au nom de sa propre civilisation. De cette tentation, nous nous voulons totalement exempts, guéris de la violence colonialiste de l'ethnocentrisme. Nous comptons bien nous prémunir des conflits archaïques que l'humanité a traversés dans les siècles passés ; aussi ne faut-il plus rien transmettre de ces particularismes dangereux que sont les cultures, susceptibles de relancer à tout instant le repli identitaire et la guerre des civilisations : ne plus transmettre une tradition singulière, le respect d'une morale, l'amour d'une langue ou d'un pays, ni bien sûr une religion... Bref, nous refusons d'être enfermés dans le particulier.

Désormais, nous voulons être fidèles à l'universalité de l'homme, qui transcende toutes les cultures et les annule. Pas de plus grande vertu que l'« humanisme », qui se veut délivré de tout attachement contingent. Fidèles à l'enseignement des Lumières, nous sommes définitivement au-dessus de l'amour du « prochain » : cette proximité relèverait d'un particularisme insupportable ; êtres de raison et de nature, nous voulons

« aimer l'humanité ». Tout autre impératif serait trop étroit pour nous. L'incapacité à s'élever vers l'universel, nous l'attribuons à ces héritages qui nous enferment, à ces cultures qui nous piègent. L'homme n'est-il pas naturellement ouvert au monde, capable d'affirmer comme Térence que « rien de ce qui est humain ne [lui] est étranger » ?

Nous demandons donc à l'école de ne plus transmettre une culture parmi d'autres, mais de conforter chez l'enfant le sens de l'universel. Car, si nous refusons de transmettre, nous n'avons pas renoncé à éduquer ; mais cet « humanisme » qu'il faut faire partager aux enfants doit venir immédiatement, comme par une forme d'évidence, dans le rationalisme transparent et — croit-on — spontané de la morale universelle. Ce faisant, jamais l'école n'a été aussi moralisante qu'aujourd'hui. Selon le *Bulletin officiel de l'Education nationale*, l'enfant doit y développer des « compétences sociales et civiques », qui font partie intégrante du « socle commun » que chacun doit avoir « acquis ». Viennent d'abord les « capacités » et les « attitudes » que peuvent porter une « culture humaniste », comme l'expérience d'« une approche sensible de la réalité » ou « les valeurs humanistes », qui permettent de « développer la conscience que les expériences humaines ont quelque chose d'universel ». Après ces précisions, l'école se voit assigner d'innombrables missions éducatives : elle doit conduire l'enfant à « devenir pleinement responsable », « refuser la violence », « apprendre à bien vivre ensemble », « faire valoir son point de vue, négocier, rechercher un consensus », « pouvoir s'affirmer de manière constructive », « devenir un acteur responsable de notre démocratie »... Bref, il s'agit de « mettre en place un véritable parcours civique de l'élève, constitué de valeurs, de savoirs, de pratiques et de comportements[1] ».

De tout cela, on ne peut évidemment que se louer. Mais ces formules sophistiquées continueront de ronronner dans le vide tant que nous n'aurons pas compris que l'école ne pouvait contribuer à cette mission éducative qu'en assumant simplement la tâche qui lui est propre : transmettre une culture. Et non pas une « culture humaniste » (de quoi d'ailleurs s'agit-il au juste ?), mais une culture particulière, avec son langage, son histoire, ses figures et ses repères singuliers. Parce que l'homme n'est pas un être d'immédiateté, il faut reconnaître qu'il nous est nécessaire de passer par cet héritage particulier pour progresser vers l'universalité de notre propre nature, enfin accomplie par la médiation de la culture.

Prenons un exemple simple : la persistance de certaines inégalités au détriment des femmes, et l'augmentation des incivilités, des paroles ou des actes de violence à leur égard, a conduit nos politiques à se préoccuper de lutter contre le sexisme. C'est là une très juste cause dans un climat qui semble effectivement se dégrader. Parce qu'il faut prendre le problème à la racine, l'école est donc saisie de cette mission supplémentaire : un rapport du Commissariat général à la stratégie et à la prospective recommande de sanctionner sévèrement tout sexisme entre élèves à

---

1. *Bulletin officiel de l'Education nationale* n° 29 du 20 juillet 2006.

l'école primaire, et d'insérer la notion d'égalité entre filles et garçons dans les règlements intérieurs des établissements ; au collège, il faudra mettre en place « des actions pour faire réfléchir les jeunes sur la notion de respect envers les personnes de l'autre sexe ». Ce moralisme a beau être bien inspiré, il est facile de comprendre pourquoi il est voué à l'échec.

Tout cela, en effet, l'école peut le faire, mais à condition d'être rétablie dans sa mission propre. Elle peut contribuer à ouvrir l'enfant à sa responsabilité morale et au sens de l'universel ; mais seulement en passant par la transmission d'une culture, par le sens du particulier. Hors de cette culture, quelle autorité pourront avoir pour les élèves les préceptes universels qu'on leur assènera, toujours plus nombreux et abstraits à mesure qu'ils seront plus inefficaces ? Rappelez aux écoliers, dans toutes les chartes et règlements que vous voudrez, que le sexisme, c'est mal ; réunissez des collégiens pour les faire réfléchir au respect d'autrui : tout cela ne servira à rien. En revanche, faites-leur étudier la vie de Jeanne d'Arc, son histoire, son procès ; donnez-leur à lire Mme de La Fayette ; faites-leur apprendre tout ce que Marie Curie a donné à la science : comment un seul élève pourra-t-il ensuite affirmer que la femme est inférieure à l'homme ? A travers chacune de ces figures particulières, dans la singularité de l'univers culturel dont elles sont nées et qu'elles ont marqué de leur empreinte, nous sommes conduits vers un enseignement dont la portée est universelle. Tirons-en quelques conséquences.

La première, c'est que le particulier ne nous enferme pas en lui, au contraire : c'est par lui que nous pouvons aller vers l'universel. L'estime de ce qui est le plus proche ne m'éloigne pas du reste du monde ; à l'inverse, elle m'ouvre à la compréhension de ce qu'il y a de plus général. Par exemple, le fait que nous ayons aimé nos parents de façon totalement unique, avec leurs personnalités singulières, ne signifie pas que nous en soyons venus à détester tous les autres parents de la Terre, loin de là : c'est à travers eux que nous avons approché la réalité de la paternité, de la maternité ; et la relation personnelle qui nous a liés à eux a pu seule nous faire pressentir avec émerveillement l'infinie et fragile beauté de cette expérience universelle de la filiation, qui porte l'humanité. Aimer ses parents ne veut pas dire qu'on méprise les autres ; de la même façon, aimer la culture que l'on a reçue en héritage, cette culture particulière parmi toutes les civilisations du monde, ne signifie pas détester les autres. Bien au contraire : à mesure que nous recevrons ce que notre culture peut nous transmettre de meilleur, nous serons à même de comprendre et d'estimer la singularité des autres traditions que nous pourrons rencontrer.

Pour cette raison, il faut cesser d'avoir peur de transmettre notre culture, comme si elle devait constituer un danger pour la paix et la coexistence des civilisations. Je ne crois pas au choc des cultures, mais au choc des incultures : le plus agressif est celui qui, dépourvu d'héritage, ne sait pas qui il est ni d'où il vient, celui qui n'est pas assez familier d'une langue pour s'ouvrir à d'autres langages. Ce n'est pas la singularité des visions du monde qui nous oppose : ce qui nous isole vraiment, c'est l'incapacité à penser ce qui nous entoure quand un vocabulaire nous fait défaut pour cela.

Notre seul chemin vers l'universel est donc le particulier. Reprenons simplement l'exemple de la langue : pour pouvoir découvrir une seconde langue, il faut déjà bien maîtriser la sienne — cette langue « maternelle », cette langue particulière qui est nôtre par la contingence de notre naissance. Celui à qui sa propre langue reste étrangère, celui-là n'a aucune chance de pouvoir un jour comprendre, parler et écrire d'autres langues. D'ailleurs, le principal obstacle que rencontrent aujourd'hui les enseignants en langues vivantes dans les établissements scolaires, c'est le défaut de maîtrise d'un grand nombre des élèves en grammaire, en orthographe et en vocabulaire français… En réalité, plus je serai familier de ma propre langue, plus j'aurai de facilités pour en apprendre, traduire, interpréter d'autres ; et plus aussi je serai sensible à ce que chacune d'entre elles sait dire singulièrement du monde, par l'univers culturel dont elle est issue.

Ainsi, la meilleure façon d'aider un enfant à s'ouvrir à toutes les cultures, de faire grandir son cœur et son esprit jusqu'aux dimensions de sa propre humanité, c'est de lui transmettre une culture. Mais quelle culture, puisqu'elles sont multiples ? Chaque culture est particulière ; et chacune porte en elle une vision du monde, dont la justesse, la finesse, l'équilibre sont fragiles et incertains. L'acte de la transmission a-t-il pour fondement une hiérarchisation implicite des cultures ?

Enseigner une « première langue », est-ce la désigner comme la première des langues et mépriser toutes les autres ? Pourquoi transmettre une culture plutôt qu'une autre ?

Il faut retirer à ce choix tout le soupçon d'orgueil néocolonial dont on l'a affublé. Car les questions qu'il nous fait poser sont tout simplement sans objet. Pourquoi avez-vous aimé vos parents de façon absolument unique, les distinguant en cela de tous les parents du monde ? Ce n'est pas que vous ayez considéré qu'ils étaient les meilleurs, ni que les autres étaient « inférieurs » ; mais il se trouve que c'étaient vos parents, voilà tout. Vous les avez aimés, ces parents particuliers, avec leurs caractères propres, avec leurs qualités uniques et leurs nécessaires limites ; et chaque année de votre enfance vous a donné sans doute, en même temps qu'elle vous rendait plus lucide sur leurs faiblesses, une infinité de raisons supplémentaires de les aimer. Il n'y a aucun orgueil là-dedans, aucune revendication de supériorité ; ces parents, d'ailleurs, vous ne les avez même pas choisis : la relation qui vous lie à eux n'est donc pas le résultat d'une évaluation comparative... Mais vous les aimez, d'une façon unique, parce que c'est par eux qu'est passée votre humanité.

C'est ainsi qu'il faudrait aimer la culture que nous avons reçue. Non pas parce qu'elle serait meilleure que toutes les autres, ou la seule à donner du monde des aperçus justes et féconds. Mais parce que c'est notre culture, parce qu'elle habite ce lieu où nous sommes nés, cette proximité où nous vivons, ce pays où nous avons grandi. Pourquoi le nier ? Une culture a façonné cette immense famille qui, génération après génération, n'a cessé de l'enrichir en retour : elle constitue, non pas un « capital », mais un héritage, un patrimoine commun qui, autant que notre patrimoine génétique, fait de nous ce que nous sommes — des hommes qui soient vraiment humains. Quelle que soit la diversité de leurs origines, une société s'honore de transmettre à tous les enfants qu'elle accueille le meilleur de la culture commune qui, formée et formant le pays où ils vivent, constitue de plein droit leur héritage propre.

Il n'y a pas d'alternative : il faut aimer cette culture, accepter de la recevoir et de la transmettre — ou bien n'en aimer aucune. Bourdieu reconnaissait qu'on ne peut faire d'un enfant « l'indigène de toutes les cultures » ; et ce ne sont pas nos programmes scolaires, qui ont abandonné des pans entiers de l'histoire de France pour faire place aux « civilisations extra-européennes », qui y parviendront. Encore une fois, c'est mettre le but avant le chemin : un collégien ne s'ouvrira pas sur l'universel pour avoir eu des aperçus universitaires sur toutes les cultures du monde ; c'est en apprenant à bien connaître sa propre culture qu'il se prépare à rencontrer demain le monde en adulte ouvert, curieux et capable de discerner la valeur de l'altérité.

L'école peut préparer cela ; elle peut accompagner l'enfant jusqu'à cette ouverture à l'universel. Elle peut susciter en lui, mieux encore que le refus de la violence, le désir du dialogue ; mieux que la tolérance, le respect et l'intérêt ; mieux que la non-discrimination, une attention singulière à chacun. L'école peut tout cela ; mais seulement par le moyen qui lui est propre, cette médiation d'une culture que son essence même est de transmettre. Tout le problème naît d'une inversion illogique : nous confondons cette mission de l'école avec les bienfaits — réels — que nous pouvons en attendre. Le sophisme est facilement transposable : par exemple, un architecte construit des habitations ; or, pouvoir se loger rend les gens plus heureux. Donc, un architecte contribue au bonheur des gens. Ceci est parfaitement exact. Pourtant, la mission propre de l'architecte reste de faire des plans, de construire des murs et des toits. Si vous lui expliquez que son travail est désormais de rendre les gens heureux, vous risquez de le perdre ; et plus encore si vous lui interdisez en même temps de construire des habitations...

L'école est aujourd'hui exactement dans la situation de cet architecte désorienté ; nous considérons que sa mission est de veiller à l'humanisme de nos enfants, et non plus de transmettre un savoir. Nous exigeons qu'elle combatte le racisme, le sexisme, les discriminations, les inégalités et les accidents de la route, qu'elle rende les générations futures tolérantes, citoyennes, écoresponsables, engagées et épanouies. Et nous exigeons des enseignants tous ces résultats, mais en les privant de leur travail spécifique, la transmission de la culture, par laquelle ils pouvaient y contribuer. Nous leur demandons de susciter, chez les enfants, des qualités qui ne peuvent naître que de cet héritage que nous leur interdisons de donner. Une telle injonction contradictoire explique la désorientation de notre système éducatif — qui vague de « nouveau lycée » en « refondation de l'école » au gré de réformes continuelles — et la dépression collective dont le monde enseignant semble massivement frappé.

Cette crise n'est pas un problème de moyens ni d'organisation : c'est une question de finalités. Et l'école n'en sortira que lorsque aura été réaffirmée sa mission propre, la transmission, et la fécondité qu'elle porte. Ce n'est pas en produisant des chartes ou en organisant des débats que l'école luttera contre le sexisme : non qu'elle en soit incapable, au contraire. Il suffirait pour cela de réhabiliter, tout au long de la scolarité, l'apprentissage par cœur de la poésie ; car alors la beauté saisit chaque enfant par le cœur. Puisons simplement dans notre héritage, si accessible et si délaissé... Comment d'ailleurs est-il possible que, au pays de l'amour courtois, du roman de chevalerie, de la tragédie classique et du poème romantique, on puisse mal parler à une femme ? Il suffit donc d'ouvrir pour nos élèves quelques pages, de leur proposer des vers, d'augmenter ainsi leur mémoire de la langue que l'histoire nous offre. Alors seulement, ils seront élevés vers la plénitude de leur humanité et vers l'authentique respect d'autrui. Car celui qui a été nourri, saisi et transformé par le vers de Villon, de Chénier, de Baudelaire ou de Verlaine, comment peut-il s'aveugler encore sur la grâce qui se trouve partout autour de lui, révélée pour lui dans l'humble matière des mots ? Habité par une langue animée, et dont le souffle anime le monde, comment pourrait-il ne pas estimer infiniment l'autre qu'il rencontre, dans sa singulière beauté désormais rendue visible ?

Le seul chemin par lequel l'éducateur sait servir l'humanité des hommes, c'est la culture.

Conclusion
L'urgence de la reconnaissance

Après l'expérience de l'IUFM, après avoir entendu tant de fois qu'il ne fallait pas transmettre, que la culture était discriminatoire, que l'enseignant servait la reproduction des élites et que toute éducation était violence, j'ai traversé un moment de grand doute. Que venais-je faire devant mes élèves ? Pouvait-il me rester une raison, une seule bonne raison de faire cours ? Ce doute est à l'origine du travail que j'ai commencé alors pour tenter de comprendre d'où vient la crise de l'éducation, que j'étais en train de vivre à mon tour, comme tant d'adultes avant moi.

Mais en attendant, je n'ai pas cessé d'enseigner. Avant même d'y réfléchir de façon plus approfondie, en effet, il me restait déjà une raison : en revenant sur les années écoulées, je devais bien reconnaître que la culture que j'avais reçue n'avait pas produit en moi les effets que je lui voyais aujourd'hui reprochés. Je devais reconnaître que la langue, la littérature m'avaient donné de mieux comprendre ma vie intérieure ; que les sciences avaient constitué en moi le sens du vrai, et la conscience du réel ; que l'histoire et la géographie m'avaient permis de me situer dans les lieux et les temps dont j'étais l'enfant. Dans cette culture qu'ils m'avaient transmise, mes parents et mes enseignants m'avaient permis de me reconnaître ; et de tout cela, je me suis senti infiniment reconnaissant.

La reconnaissance est parfaitement gratuite : un merci n'ajoute rien à l'acte qui l'a suscité. Et pourtant, elle n'a rien de superflu ni d'anodin. La reconnaissance a une efficacité : elle peut suffire à fonder notre action. Elle a suffi en tous les cas à m'entraîner vers l'enseignement, malgré tous ces discours anxiogènes. Je savais que la culture n'enferme pas, mais qu'elle affranchit ; qu'elle n'aliène pas, mais qu'elle augmente. Je le savais par expérience de la discipline que j'avais choisie : la philosophie a constitué pour moi, dès le premier moment, une ouverture vers des horizons de liberté infinis, et avant elle insoupçonnés. De cet héritage, je me sentais l'obligé. Désormais, il me fallait le transmettre à mon tour, devenir médiateur pour que par moi puisse passer, pour d'autres, ce chemin vers la liberté.

La culture est donc bien un signe de reconnaissance, mais non au sens où le pensait Bourdieu. Cette reconnaissance transforme notre action — et son absence également. Nous trouvons dans l'ingratitude une nouvelle caractéristique de notre époque ; l'homme contemporain est semblable en cela à l'Emile de Rousseau, qui « croit ne rien devoir à personne ». Le plus fascinant, c'est que cette ingratitude constitue un idéal ; comme chez Rousseau, c'est le cas dans notre société, qui a fait du *self-made man* son modèle. L'homme qui s'est fait tout seul : voilà ce que nous voudrions être, voilà le titre de gloire qui garantirait enfin l'orgueil de la solitude indifférente qui fascine aujourd'hui notre monde. Comment pourrions-nous, nous, les hommes du progrès, reconnaître que nous devons quelque chose au passé ? Comment pourrions-nous accepter que quelque chose nous précède ?

Notre ingratitude a des effets bien réels. C'est l'indifférence pour notre patrimoine, pour des trésors construits par la ferveur des générations passées, et que nous laisserons disparaître si leur rentabilité immédiate, touristique ou commerciale, n'est pas suffisante. Mais le patrimoine est également immatériel, et c'est aussi par là qu'il se trouve peu à peu abandonné : combien d'enfants, combien d'adultes même comprennent encore ce qui est simplement donné à voir dans les œuvres de nos musées, le plan de nos villes et de nos jardins, l'architecture de nos cathédrales ou le plus simple de nos rituels quotidiens ? Notre ignorance rend les statues muettes, les images indéchiffrables, les textes incompréhensibles ; les signes dont nous avons hérité perdent leur sens, et du même coup leur efficacité politique et sociale. Notre inculture, qui les rend peu à peu artificiels et obsolètes, est le résultat de notre ingratitude. Parce que nous voulons être des hommes neufs, nous enfermons l'histoire dans son passé, refusant de rien avoir à recevoir de ceux qui nous ont précédés. Ainsi nous tuons notre propre culture : désormais, elle ne nous servira plus que de décor agréable, ou de divertissement ponctuel — assez succinct en tous les cas pour ne pas nous ennuyer.

L'ingratitude : voilà de quoi meurt une culture. Voilà aussi le trait de caractère qui constitue le paradoxe inavoué des œuvres que nous avons croisées. Le meilleur élève des jésuites de La Flèche, le prosateur de la plus belle langue du XVIIIe, le bénéficiaire modèle de l'ascenseur social par l'école : chacun à sa manière, Descartes, Rousseau et Bourdieu ont déployé une énergie singulière à déconstruire ce qu'ils avaient reçu — et par les moyens mêmes qu'ils avaient reçus. C'est l'étendue de la culture qui leur avait été transmise, et par elle la qualité de leur langue et de leur raisonnement, qui leur a permis de dénoncer cette même culture comme une aliénation de la liberté, une pollution de la nature, une stratégie de discrimination. Ironie de l'ingratitude, qui pour s'exercer s'appuie sur la tradition qu'elle détruit…

Mais cette contradiction a des conséquences dramatiques : en condamnant la culture, l'ingratitude des critiques aboutit exactement aux conséquences qu'ils voulaient dénoncer. Ironie de l'histoire, cette fois-ci : l'œuvre de Bourdieu a eu une immense influence ; mais elle a produit exactement l'école qu'elle voulait condamner. En interdisant aux enseignants de transmettre la culture, nous condamnons comme jamais les enfants dont les familles n'ont pu prendre le relais. Une école qui ne transmet rien abandonne les enfants de milieux moins favorisés : elle fait ainsi du niveau social des élèves un déterminisme quasiment infranchissable. Publiée en 2013, la dernière enquête PISA a montré, outre la dégradation du niveau moyen des élèves dans plusieurs matières, que « l'école française est aujourd'hui celle des pays de l'OCDE où l'origine sociale des enfants pèse le plus lourd dans les résultats scolaires » ; ce déterminisme n'a cessé d'augmenter dans les dernières décennies. Plus grave encore : les écarts de résultats se sont fortement creusés entre les meilleurs élèves et les moins bons. Cinquante ans après *Les Héritiers*, notre système éducatif, largement influencé par cette condamnation de la transmission, est devenu le plus inégalitaire d'Europe. Pierre Bourdieu, fils d'un ouvrier agricole d'un petit village du Béarn, aurait-il aujourd'hui la moindre chance d'entrer à l'Ecole normale supérieure ?

Sans doute pas. Les seuls rescapés du naufrage de l'Education nationale sont ceux dont les parents connaissent les tactiques pour échapper au désastre — les quartiers à habiter, les filières à privilégier, les options à choisir... De l'autre côté du spectre, les victimes désignées de la sélection sociale ont de moins en moins de chances d'échapper à leur destin ; parmi eux, les jeunes nés de familles issues de l'immigration. C'est en pensant à eux que nous avons renoncé à enseigner la culture de notre pays, à transmettre à tous un héritage commun. Aujourd'hui, ces jeunes ont deux fois plus de risques que les autres de finir en situation d'échec grave. Qui ne voit que la véritable violence est là, que ce refus de la transmission constitue une immense injustice qui ne manquera pas d'éclater un jour ? La paisible pédagogie champêtre de Rousseau est bien loin, désormais ! Pour suivre ses conseils, nous avons mis en accusation la culture, l'autorité, le cours magistral ; nous avons développé les exposés, les travaux pratiques et les nouvelles technologies ; bref, nous avons tout fait pour que, dans la « communauté éducative », l'enfant se sente impliqué comme l'égal de l'enseignant... Et aujourd'hui les millions d'Emile qui peuplent nos classes sont, selon l'enquête PISA, parmi les plus anxieux, les moins disciplinés et les plus absentéistes du monde.

Mais il y a plus grave encore : car la véritable tragédie échappe à toutes les statistiques. Il suffit pourtant d'ouvrir l'œil pour en constater l'étendue. En privant nos enfants de la culture que nous avons reçue, nous ne leur retirons pas simplement leurs chances de succès professionnels ; nous leur retirons surtout la médiation essentielle par laquelle nous avons pu nous découvrir, nous reconnaître, nous construire. Nous leur retirons leurs chances d'être eux-mêmes, d'être libres, d'être à la fois authentiquement singuliers et profondément humains. L'ingratitude adolescente envers notre propre héritage nous enferme dans une spirale de dépression, de destruction et de violence. La quête d'identité qui traverse la société, la panne de l'Education nationale, la fragilité des familles, la tension qui partout se fait jour : de cette crise à plusieurs facettes, ni les conséquences ni les remèdes ne sont techniques. Elle est d'abord le symptôme douloureux de l'immense soif que provoque notre critique condescendante envers la culture que nous avons reçue. En la rejetant dans son passé, nous détruisons en elle la possibilité même d'accomplir notre humanité.

Ne pas nous remettre en question, laisser s'imposer ce climat de pauvreté intellectuelle et spirituelle qui naît de notre passivité, serait ainsi devenir coupables ou complices de ce crime contre notre propre humanité.

Quand reconnaîtrons-nous enfin la nécessité de cette médiation, et la valeur de ce qui nous a été donné ? Quand renoncerons-nous à l'ingratitude des esprits forts, qui oublient d'où leur vient la liberté qu'ils ont conquise ? Quand aurons-nous l'humilité de nous reconnaître héritiers de ce trésor qui nous précède, accumulé pour nous pendant des millénaires par le travail des hommes marchant vers leur propre humanité ? Et quand offrirons-nous à nos enfants ce même trésor, augmenté pour eux de notre propre effort ? La crise de l'éducation contemporaine serait sans doute largement résolue si nous étions capables de faire ensemble cet acte de reconnaissance. Il suffirait que nous acceptions d'avoir été des enfants — et de garder l'humilité de cet état d'enfance, désirant sans cesse recevoir ce qui nous précède pour continuer à découvrir le monde et à nous en émerveiller. Alors seulement, nous saurons redécouvrir le sens de l'âge adulte ; et nous pourrons témoigner aux parents, aux enseignants, que l'autorité de leur savoir est la source d'où jaillira le destin singulier des enfants qui leur sont confiés, et qu'il n'est pas de plus belle mission dans une société que celle qu'ils peuvent seuls assumer : transmettre le patrimoine culturel qui constituera demain l'unité de notre pays, autant que la liberté de ceux qui y vivront.

Cette crise, nous pouvons donc la surmonter — mais il faut faire vite. D'abord parce que la déculturation progressive du plus grand nombre ne peut signifier autre chose que l'ensauvagement accéléré du monde. Là où plus rien n'est transmis, c'est la nature même de l'homme qui se trouve dégradée. Nous le constatons déjà : sur tous les terrains que l'autorité a désertés, prospèrent les radicalités les plus délirantes, la violence la plus absurde. Si la famille et l'école persistent à s'interdire de jouer leur rôle, il faudra bientôt nous souvenir que les civilisations sont mortelles.

Mais ce mot de Valéry introduit une seconde urgence, d'une tout autre nature. Les conséquences de nos erreurs collectives sont généralement rattrapables : lorsque nous en prenons conscience, il suffit d'une réforme pour corriger le problème et réparer les dégâts. Mais en matière éducative, ce qui est perdu peut très vite l'être pour toujours : le savoir qui n'a pas été enseigné, les repères qui n'ont pas été donnés, qui les réinventera ? Nous voyons apparaître ici le lien essentiel entre culture et transmission : l'héritage culturel est constitué dans l'acte même qui le transmet. Il ne se stocke pas, il ne se garde pas pour soi, au contraire : il n'est protégé que lorsqu'il est partagé. Ce qui le constitue comme un héritage vivant, ouvert à une infinie multiplication, le rend aussi infiniment fragile : notre patrimoine meurt de n'avoir pas été transmis. Notre culture, et avec elle notre propre humanité, mourra de notre ingratitude.

Il est donc nécessaire de vivre, comme une urgence personnelle et collective, l'expérience de la reconnaissance. Nous ne nous sommes pas faits tout seuls ; par notre langue, notre histoire, les savoirs que nous avons reçus, nous avons été conduits jusqu'à nous-mêmes, jusqu'à notre propre pensée et à la liberté que nous avons conquise. Cette médiation est infiniment précieuse ; il nous appartient de la protéger en offrant à nos enfants l'autorité de cette tradition dont, avant eux, nous avons été augmentés. Cet ouvrage aura rempli sa mission s'il sert cet acte de reconnaissance. Je voudrais que, à travers ces quelques lignes, soient infiniment remerciés les parents, les enseignants, les éducateurs d'hier, d'aujourd'hui et de demain, engagés dans cette magnifique et difficile mission de transmettre à tous les enfants la culture dont ils sont les légitimes héritiers.

Table

Cet ouvrage a été composé par IGS-CP
à L'Isle-d'Espagnac (16)

Cet ouvrage a été imprimé en France
par CPI Bussière
à Saint-Amand-Montrond (Cher)
en novembre 2014

N°d'impression : 2013038
Dépôt légal : août 2014